사랑

생각만 바꾸면,
인생은 축제의 장이 된다

할 수 있을 때
떠날 수 있다

생각만 바꾸면, 인생은 축제의 장이 된다

사랑할 수 있을 때 떠날 수 있다

초판 2쇄   2017년 05월 12일

지은이   이상훈
발행인   김재홍
편집장   김옥경
디자인   이유정, 이슬기
마케팅   이연실

발행처   도서출판 지식공감
등록번호   제396-2012-000018호
주소   경기도 고양시 일산동구 견달산로225번길 112
전화   02-3141-2700
팩스   02-322-3089
홈페이지   www.bookdaum.com

가격   15,000원
ISBN   979-11-5622-280-4 03320

CIP제어번호 CIP2017008235
이 도서의 국립중앙도서관 출판도서목록(CIP)은 서지정보유통지원시스템 홈페이지
(http://seoji.nl.go.kr)와 국가자료공동목록시스템(http://www.nl.go.kr/kolisnet)에서
이용하실 수 있습니다.

사랑

생각만 바꾸면,
인생은 축제의 장이 된다

할 수 있을 때
떠날 수 있다

| 이상훈 지음 |

지식공감

—— 이제는 우리 자신을 탐구할 차례가 되었다 ——

저녁 9시경 대치동 학원가에 나가본 적이 있다. 초등학생, 중학생들이 거리를 가득 메운 채 어디론가 가고 있었다. 학원이 끝나고 다른 학원으로 이동하는 것이라고 했다. 가족들과 함께 저녁을 먹고 쉬고 있어야 할 시간에 어린 학생들이 감당하기 어려운 무거운 짐을 지고 다니고 있었다.

그런가 하면, 어디 여행을 가서 식사하려고 해도 마음 편히 하기 힘든 경우가 많다. 세상이 어수선하니 사람이 먹는 밥도 믿고 먹기 어려운 경우가 있는 것이다. 직장에서도 컴퓨터가 도입된 후 전에는 하기 어려운 일을 쉽게 할 수 있어서 좋기도 하지만, 반면에 컴퓨터 때문에 사무가 더 복잡해지고 사람이 구속당하는 부분도 있다. 그리고 지금 이 세상을 살고 있는 우리들이 과거 우리의 조상보다 좋은 집에서 살고 좋은 차를 가지고 있다지만 조상들보다 더 행복하다고 할 수가 있을까? 물질이 아무리 발전하더라도 인간이 그 중심에 서지 못하면, 오히려 물질로부터도, 행복으로부터도 거리가 멀어져버린다.

어떻게 하면 어렸을 때부터 간직해 온 소중한 꿈을 이룰 수 있을 것인가? 나아가서 어떻게 하면 우리 세대에 통일을 이룩하고, 그동안 우리가 치른 시련과 고통의 경험을 바탕으로 세계사를 주도하는 나라가 될 수 있을 것인가? 대부분의 사람들이 생각해 보았음 직한 내용들이다. 모든 꿈은 필요하니까 존재하는 것이다. 그리고 끝까지 포기하지 않으면 언젠가는 현실로 나타날 수 있을 것이다. 꿈을 실현하기 위해서 무슨 거창한 일을 해야 하는 것은 아니다. 발상과 태도를 바꿈으로써 좀 더 쉽게 접근할 수 있다.

인류는 그동안 그 무엇인가를 찾아서 온 세상을 탐험했고, 심지어 깊은 바닷속, 그리고 땅속까지 탐험했다. 그러나 우리를 행복하게 해 줄 그리고 우리의 앞길을 밝혀 줄 그 무엇은 어디에도 없었다. 그러니 이제는 가만히 앉아서 문제를 제기한 주체인 우리 자신을 탐구해 볼 차례가 되었다. 문제를 제기한 인간의 의식 속에 답이 숨어 있을지도 모르니까 말이다. 자신의 깊숙한 곳에 쓰고도 남을 보물을 가지고 있으면서 밖에서만 그것을 찾아 돌아다닌 건지도 모를 일이다.

모든 것은 생명체처럼 서로 연결되어 있으므로, 그것을 잘라서 한 부분만 들여다보면 죽은 것을 연구하는 셈이다. 예를 들어, 개인의 소망도 국가 전체의 발전과 떼어서 따로 논할 수는 없다. 따라서 이 책에서는 의식적 측면을 중심으로 그리고 종합적 관점에서 논의를 전개해 나가려고 한다.

혼란이 극에 달했을 때 이를 수습하려는 움직임도 함께 시작된다.

그리고 혼란과 고통을 통하여 개인과 사회가 재정립되고 한 걸음 더 나아갈 수 있다면 그것은 시련이 아니라 축복이 될 수도 있을 것이다. 이런 식으로 발상을 전환하면 전에 볼 수 없던 전체의 모습이 보이기 시작한다. 다행히 혼란 속에서도 이미 긍정적인 변화의 조짐이 보이고 있다. 다만, 일상에 빠져 전체를 잘 보지 못하고 있는 것뿐이다. 그리고 하기에 따라서는 뭔가 예상하지 못했던 좋은 일이 벌어질 가능성도 있다. 문제가 있으면 답도 함께 있다고 한다. 미래가 불확실하고 힘들게 보인다 하더라도 밝고 긍정적인 시각으로 보면 그 불확실성이 그렇게 강고하고 매정한 것만은 아니라는 것을 알게 될 것이다. 그리고 힘들고 어렵게 했던 일의 실체가 무엇인지를 볼 수 있게 될 것이다.

인류에게는, 특히 한국 사람들의 앞길에는 많은 희망과 가능성이 놓여 있다. 우리도 모르는 가운데 어려운 일들은 거의 다 해놓았다. 이제 이를 바탕으로 조금만 더 나아가면 된다. 그리고 앞으로의 길은 지금까지와는 달리 즐거운 여정이 될 수 있을 것이다. 그 조금 남은 길을 즐겁게 가는 방법을 이 책에서 제시해 보고자 한다. 그리고 그 과정에서 개인은 꿈을 이루고, 사회 전체적으로는 좀 더 살 만한 세상을 이루는 지혜를 얻을 수 있으면 좋겠다.

이 책의 각 장은 유기적으로 결합되어 있다. 그래서 구분하기 힘든 면이 있으나 독자들의 이해를 돕기 위해 전체적인 구성을 살펴보겠다.

먼저, 1~3장은 삶의 가장 기초적인 부분에 대한 내용을 담고 있다. 1장 '나'는 삶의 주체인 나, 2장 '경제'는 절실한 먹고사는 문제, 3장 '꿈'은 포기할 수 없는 꿈에 대한 내용이다. 자신이 경제라는 현실 위에서 발을 디디고 살아야 하지만, 그와 동시에 눈은 저 멀리 보아야 하기 때문에 세 부분이 밀접한 관련이 있어서 붙여 둔 것이다.

그다음, 4~6장은 앞에서 언급한 1~3장의 기초적인 내용들을 발전시키고 실현해 줄 수 있는 도구들에 대해 설명하고 있다. 나와 경제와 꿈을 잘 실현하기 위해서는 먼저 창조의 설계도인 '디자인(4장)'을 잘해야 하고, 영혼의 언어인 '감성(5장)'을 활용할 수 있어야 한다. 그리고 이 디자인과 감성은 인간 완성의 길인 '교육(6장)'과 불가분의 관계에 있고, 또 교육을 통해 강화할 수 있기 때문에 같이 모아 두었다. 그리고 4~6장의 내용은 1~3장의 내용과 7~9장의 내용을 연결해 주는 허리와도 같은 역할을 한다.

마지막, 7~9장은 개인적 과제를 해결한 후 우리나라 사람들이 함께 풀어야 할 전체적인 과제, 즉 더 큰 나로서 '전체(7장)', 문명 전환기에 일어날 '정신혁명(8장)', 세계 중심 국가로서의 '통일한국(9장)'에 대한 내용들을 담고 있다. 1~6장까지의 내용을 충분히 이해해야만 알 수 있으므로, 이 책의 맨 뒤에 두었다. 꼭 그러한 것은 아니지만, 뒤로 갈수록 시야가 더 넓어지고 발전해 간다고 보아도 무방하리라.

필자가 이 책『사랑할 수 있을 때 떠날 수 있다』를 쓴 목적은, 각박한 현실을 살고 있는 사람들에게 희망을 주고, 우리나라 전체에는 새로운 비전을 제시하기 위해서이다. 한국 사람들은 정보혁명기에 필요한 장점들을 가지고 있지만, 또 다른 일을 위해서 지금까지 알지 못했던 숨겨진 더 큰 장점들도 가지고 있다. 이제 이것을 의도적으로 활용하여 정보혁명보다 더 큰 일을 도모할 때가 되었다.

한국인들이 절대 빈곤에서 벗어나서 여러 가지 취미 활동을 즐기거나 가족들과 외식을 한 후에 커피숍에서 커피를 마시는 모습을 보면 한량없이 기쁜 마음이 든다. 그러나 부디 여기서 주저앉아서는 안 된다. 이 정도를 이루기 위해서 그 많은 우여곡절을 겪은 것은 아니기 때문이다. 지금까지 쌓아온 것을 바탕으로 새로운 출발을 하고, 더 큰 것을 이룰 때가 왔다. 그러니 희망과 용기를 가지고 좋은 기분으로 시작해 보자.

1
장

나

시작과 끝

가장 중요한 것

———

아프리카에 어떤 부유한 추장이 살았다. 그는 주로 수레를 타고 다녔으나 풍문에 영국제 차가 귀족적 품격이 있고 좋다는 말을 듣고 그것이 자기 스타일에 맞는다고 생각했다. 그래서 많은 가축을 팔아서 롤스로이스를 한 대 사게 되었다. 이 추장은 차를 산 후에 평소 수레를 탈 때처럼 차 앞에 소 두 마리를 매어서 끌고 다녔다.

우리는 현재 물질문화가 고도로 발전한 나라에 살기 때문에 여러 가지 공산품을 쉽게 이용할 수 있는 혜택을 누리고 있다. 하지만 새로운 물건을 사게 되면 혹시 고장이라도 낼까 봐 조심한다. 설명서를 보고 어떤 물건인지, 기능은 어떤 게 있는지 연구까지 하게 된다. 고가의 제품일수록 더욱 많은 신경을 쓴다. 잘못 사용해서 고장이라도 나게 되면 후회가 막심하다. 여기서 곰곰이 생각해 볼 필요가 있는데, 물건이 중요한가? 아니면 물건의 주인인 사람이 중요한가? 답은 물론 삼척동자도 다 아는 사실이다. 그렇다면 다시 살 수 있는 물건은 그것이 무엇인지 알아보려고 그렇게 노력하면서도 비교할 수 없이 중요한 자신이 누구인지는 왜 알아보려고도 하지 않는 것일까? 그야말로 본말이 전도되어 버린 것이다. 상황이 이러하다면 앞에서 예로든 추장보다 우리가 현명하다고 할 수는 없을 것이다.

자신과의 만남

어떤 문제가 풀리지 않아서 머리를 싸매고 골몰할 때는 생각이 빙글빙글 맴돌기만 할 뿐 답은 떠오르지 않고, 더 신경을 쓰면 아예 미쳐 버릴 듯한 경험을 해본 사람이 많을 것이다. 그러다 '아무렇게나 돼 버려라.' 하고 포기했을 때 의외로 해결책이 떠오르는 경우가 있다. 또한, 운동을 할 때 상대를 이기려고 기를 쓸 때는 경기가 잘 풀리지 않다가 승부를 잊어버리고 나라는 생각마저 없어졌을 때 오히려 더 잘되게 된다. '생각하는 나(ego)'에 초점을 맞출 때보다 '나'라는 것을 잊어버렸을 때 더 좋은 결과가 나온다.

그래서 나에 대해 좀 더 알아볼 필요성이 생긴다. 이것은 선택이 아닌 필수사항이다. 왜냐하면, 사람이 자신을 알고 그 실체에 뿌리를 내리고 살지 않으면 문제가 생길 수도 있기 때문이다. 처절한 상황에서 자신과 만나야 하는 일이 일어날 수 있는 것이다. 너무나 충

격적인 일을 당했을 때 사람들은 공통적으로 혼자 있고 싶어 한다. 극한적인 상황에 처해서야 비로소 밖에는 아무도 상황 해결에 도움을 줄 존재가 없다는 것, 자기 자신만이 위안이 될 수 있고, 답이 될 수 있다는 것을 알게 되는 것이다. 그러니 평소에 시간이 있을 때 미리 자신과 친해 두면 강제로 만나는 일을 피할 수 있다. 그리고 그런 사고 자체가 줄어든다. 극단적인 상황 자체가 자기 자신과 만나기 위하여 의도된 사건일 수 있기 때문이다. 반면에 평소에 자신을 찾는 일을 게을리하지 않으면 여러 가지 예상 못 한 좋은 일이 생기고, 하는 일도 순조롭게 잘 풀릴 수 있다. 이런 사실을 놓고 보더라도 자신을 안다는 것은 철학자들만의 과제가 아니라 숨 쉬고 사는 모든 사람들의 일이 된다. 그런데 언제부터인가 가장 중요한 이 사실은 잊어버리고 먹고사는 일에만 온통 신경을 쓰는, 무엇엔가 쫓기는 듯한 삶이 되어 버렸다.

요즘 소통이라는 말을 많이 한다. 동료와의 소통, 의견이 다른 사람과의 소통 등 사회 분위기가 소통을 중시한다. 그런데 진정한 소통은 먼저 자신의 내부에서부터 이루어져야 한다. 자신의 내부에서 소통한다는 말은 진정한 자신을 만난다는 말이다. 그 후에 남들과 소통을 하는 것이 순서이다. 내면의 소통이 이루어지면 남들과 어떻게 소통해야 할지는 저절로 알게 된다.

■ □ □ □ □ □ □ □ □

멍 때리기

————

현재 한국인의 대표적인 문제는 놀 줄 모르고, 또 가만히 있을 줄 모른다는 것이다. 끊임없이 뭔가를 해야 존재 이유가 있다고 생각하는 것 같다. 멍하게 앉아 있는 것을 죄악시하고, 또한 잘못된 상태인 걸로 여긴다. 그러나 가만히 앉아서 먼 산을 보면서 조용히 있을 수 있다는 것은 그 사람이 아무런 문제가 없고 인생을 잘 살았다는 의미도 된다. 전혀 잘못된 상태가 아닌 것이다. 몸이 아프거나 경제적으로 쫓기는 사람이 그런 '경지(?)'에 이를 수 있겠는가. 멍 때리는 시간은 치유와 충전의 시간이 될 수 있다. 로봇 청소기도 청소를 하다가 배터리가 부족해지면 원래 있던 자리로 돌아가 가만히 충전을 한다. 사람도 로봇 청소기처럼 가만히 있어야만 충전이 되는데, 잠시도 가만히 있지를 못하고 애를 쓰고 돌아다니려고만 한다. 이렇게 되면 방전만 하고 충전은 안 하는 셈이다. 그러면서도 왜 피곤한지, 세상

살이가 왜 재미없는지도 모르고 있다.

또한, 가만히 있을 때 새로운 아이디어가 떠오르기도 한다. 그리고 분명한 것은 바쁘게 일할 때보다 멍하게 있을 때 자신과의 만남이 쉽다는 것이다. 멍 때리는 것은 초보 수준의 명상이라 볼 수도 있다. 명상을 조금이라도 해 본 사람은 아무 생각 없이 그냥 존재한다는 것이 얼마나 어려운 일인지 잘 알 것이다. 그런데 멍 때리기는 어떠하든지 간에 어느 정도 무념무상의 상태로 들어간 것이다. 그러니 가끔은 멍하게 있는 자신을 용납해야 한다.

자신과 만나는 것은 여유가 있을 때, 생각을 내려놓았을 때 가능하다. 자신과의 만남을 통해 삶의 의미를 발견할 수도 심신을 재충전할 수도 있다. 그리고 돈도 전혀 들지 않는다. 그런데도 이런 좋은 일을 한사코 거부하니 참으로 안타까운 일이다.

■ □ □ □ □ □ □ □ □

나의 구성

———

사람이 크게 '의식'과 '몸' 두 가지로 되어 있음은 다 아는 사실이다. 그리고 의식은 다시 '에고'와 '참 자아' 두 가지로 나누어진다. '에고'는 '생각하는 나'이다. 보통 사람들은 에고가 자신인 줄 알고 살아간다. 물론 에고도 자신의 한 부분이지만 전부는 아니다. 에고만이 인간의 의식이라면, 예술도 문학도 철학도 다 빛을 잃게 되고, 더 이상의 진보도 어려워진다. 그리고 사는 의미도 즐거움도 없어져 버리고 만다.

에고보다 더 깊은 의식의 부분이 있는데, 이것을 보통 '참 자아'라고 부른다. '진짜 자신'이라는 말이다. 빙산으로 비유하면, 물 위에 떠 있는 작은 부분이 에고이고, 밑에 숨어 있는 큰 부분이 참 자아인 셈이다. 인간의 의식은 이렇게 이원화되어 있다. 그런데도 현대인들은 자신의 반쪽을 잃어버린 채 살아가고 있다. 바로 여기서 우리의 모든 문제가 출발한다.

'참 자아'에 대응되는 말은 물론 '거짓 자아'이다. 그러나 '거짓 자아'라는 용어를 쓰면 '필요 없는 자아'라는 의미가 되기 때문에 '에고'라는 용어가 더 나을 것 같다. 둘 가운데서 큰 힘과 큰 지혜와 큰 사랑을 가진 것은 물론 내면에 잠재해 있는 참 자아이다. 이것이 있기 때문에 인간은 희망이 있고 어떤 한계도 극복해 낼 수 있게 된다. 그러면 에고라는 것은 없어도 되는 것인가? 그럴 수는 없다. 이 세상에 필요 없는 것이 존재할 리는 없다. 에고와 참 자아는 좋은 친구이고 절실한 짝이다. 다만 결혼한 남녀도 각자 제 역할을 할 때 행복해질 수 있는 것처럼 에고와 참 자아도 각자 올바른 역할을 할 때 좋은 결과가 생긴다. 그러나 현대인들은 너무나 아는 게 많고 그만큼 두려움에 사로잡혀 있다. 무엇을 알려고 하는 것 그리고 외부를 두려움의 눈으로 보는 것이 에고의 대표적인 속성이다. 즉, 의식의 초점이 에고에 맞춰져 있고, 그것이 자기의식의 전부인 줄로 알고 살고 있다.

에고라는 것은 밖에 나와 있는 감각기관이고 개체화된 하나의 좌표일 뿐이다. 에고는 생각으로 무엇을 의도할 수는 있으나 일을 이루는 힘은 에고가 아닌 참 자아에 있다. 그런데 현대인들은 일을 이루는 것도 에고를 통해서 하려고 한다. 에고만 온통 활성화되어 있고, 에고만 가지고 과제를 해결하려고 애를 쓰게 된다. 그 결과 과부하가 걸려서 스트레스가 되는 것이다. 스트레스는 자기가 할 수 없는 것을 하려고 할 때 생기는 현상이다. 자기 꾀에 자기가 걸린다는 것,

한평생 자기 생각에 속아 산다는 것이 바로 이런 것이다.

아기들은 자신이 할 수 없는 일은 부모에게 맡겨버린다. 안 되는 일을 하려고 헛수고하지 않는다. 그래서 스트레스가 없고 평화로울 수가 있다. 잠을 잘 때는 누가 업어가도 모를 정도로 깊은 잠을 잔다. 하루 종일 뒹굴고 놀 수 있는 생명력이 바로 여기에서 나온다. 어른들도 상황을 분석하거나 일을 계획할 때만 에고의 능력을 사용하고, 일을 이루는 것은 더 강하고 지혜로운 자신의 내면을 믿고 맡겨야 한다. 자신감을 갖는다고 할 때 그 믿음의 대상은 참 자아가 되어야 한다. 그렇지 않고 에고를 믿는 것은 오만이다. 에고에 사로잡혀 살면 교만하고 경직된 사람이 된다. 이때는 삶이 겉도는 것 같은 느낌이 드는데 이것은 실제로 삶이 헛돌고 있기 때문에 그렇게 느껴지는 것이다. 본질과의 접속이 끊어졌기 때문이다. 이렇게 되면 삶에서 낭만이나 신비스러운 부분은 모두 사라져 버리고 무미건조한 일상만 되풀이된다. 더 큰 꿈을 꿀 수도 없고, 능력도 극히 제한되어 버리게 된다. 즉, 막대한 손해를 보는 결과를 초래하고 만다.

결국, 인간은 몸, 에고, 참 자아의 세 부분으로 되어 있다. 그렇다면 '교육한다', '수련한다'고 할 때는 무엇을 교육하고 수련하는가? 그 대상은 에고이다. 공부하여 에고가 얼마나 열려 있는지가 그 사람의 의식 수준이다. 의식 수준이 높은 사람은 필요할 때만 에고에 초점을 머물게 하고, 대개는 더 깊은 참 자아에 초점이 맞춰서 내면의 흐름을 따라 산다. 그래서 조용하고 침착할 수 있다. 그런데 참 자아

자체가 성품이 온유해서 잘 나서지를 않는다. 알아서 나서서 일을 해주면 좋으련만 불행인지 다행인지 그렇게 세팅되어 있지 않다. 자기를 불러주지 않으면 자신을 드러내지 않게 되어 있다. 그래서 바깥만 보고 있으면 인생이라는 게임은 완전히 오리무중이 된다. 더욱이 바깥에 에고의 격랑이 일면 참 자아는 절대 나타나지를 못하는 것이다. 주도권은 남성적인 에고한테 있는데 이를 두고 인간은 '자유의지'가 있다고 한다. 자주 시간을 내어 생각을 한쪽으로 치우고 조용히 있으면 내면의 한없이 지혜롭고 두려움을 모르는 용사가 조용히 나타난다. 그것이 진정한 자신이고, 그토록 찾아 헤매던 자신의 반쪽이다. 이때 업무 분담이 중요해지는데 당장 외적 자아(에고)가 할 수 있는 일은 하고, 할 수 없는 것은 모조리 이 내적 자아(참 자아)에게 맡겨 버려야 한다. "모든 것을 놓아 버린다."는 것은 이렇게 하는 것을 말한다. 이런 분업을 통하여 에고의 힘으로는 도저히 할 수 없었던 일도 이루어 낼 수 있다. 가끔은 이렇게 해서 기적을 만들어 내기도 한다.

無爲而無不爲
무위가 되고서야 하지 못함이 없게 된다.

— 『도덕경(道德經)』

이 말은 "에고의 힘으로 무엇을 하려고 애쓰는 것을 놓아 버렸을 때[無爲] 오히려 무엇이든지 할 수 있게 된다[無不爲]."는 오래되었지만 변함없는 가치를 가진 교훈이라 할 수 있다. 이는 최고의 효율성을 얻는다는 의미도 포함되어 있다.

친구나 애인을 찾느라 너무 애를 쓰지 말고, 먼저 자신을 찾고 자신과 친해지려고 애를 써라. 그러면 기대하지 않았던 온갖 좋은 일들이 생길 수 있고, 삶이 풍성해질 것이다. 삶이 제 궤도에 들어섰으니 당연한 결과이다. 반면에 내부에서 찾지 못한 것을 바깥에 있는 사람들한테서 구하려 할 때 그 만남은 그만큼 공허해질 것이다. 그리고 상대에게 너무 과도한 요구를 하게 된다. 그러니까 즐겁고 조화로운 삶을 위해서는 자신을 먼저 알아야 한다. 자신을 알아가기 위해서는 몸과 의식(에고)을 관리하는 것이 필수인데 이것이 인간의 가장 기본적인 과제이고 도리이다.

물질계에 작용하는 대표적인 원리가 '열역학 제1의 법칙'이다. 이는 "무질서의 양이 증가한다."는 의미이다. 애써 닦아 놓은 구두도 시간이 가면 광택이 없어지고, 살 때는 싱싱했던 과일이 점점 썩어들어가는 것도 이 때문이다. 몸과 에고도 이 법칙의 적용을 받기 때문에 관리하지 않으면 녹슬고 황폐해진다. 관리하지 않아 잡초가 무성한 정원과 같은 상태가 된다. 심하면 다시 돌아오기 어려운 상황으로 발전할 수도 있다.

■ □ □ □ □ □ □ □ □

운동

─────

인간이 지구에 나타난 시간을 고려할 때 지금과 같이 운동을 잘 하지 않은 기간은 아주 짧은 시간에 불과하다. 그래서 운동 부족으로 인한 부작용으로 어떤 것이 더 있는지는 알 수 없다. 산업화되기 전에는 먹고살기 위해서라도 몸을 움직여야 했었다. 사람은 육체적 존재이고 몸을 가지고 모든 일을 하므로 기본적으로 이 육체를 단련시켜 놓아야 함은 너무나 당연한 사실이다. 대부분의 사람들이 이 사실을 알고는 있을 것이다. 그러나 모든 일이 그러하지만, 특히 운동에서는 단지 알고 있는 것과 실천하는 것은 다르다. 자동차는 주행거리에 맞춰 엔진오일을 교환해 주고 안팎을 쓸고 닦으며 온갖 정성을 쏟으면서, 정작 주인이 되는 자신의 몸은 바쁘다는 이유로 방치하다시피 하는 경우가 많다. 이렇게 되면 그 대가로 몸이 점점 통제에서 벗어나 예측불허의 상황이 올 수도 있다. 그러니 훌륭한 사람이 되고 싶으면 먼저 튼튼한 동물이 되도록 노력해야 한다.

운동은 타고난 소질대로 하는 것이 좋으나, 특히 권하고 싶은 운동은 격투기 종목이다. 격투기 종류의 운동을 하면 상대와 직접 대결을 하기 때문에 자신감을 가지는 데 있어서 다른 운동들보다 도움이 된다. 또 한순간도 방심할 수 없기 때문에 집중력을 기르는 데도 도움이 된다. 자신감을 가지게 되고 대상에 집중을 하는 힘이 생기면 무슨 일이든 하지 못할 일이 없다. 또한, 격투기는 적당히 꼼수를 부리는 것이 통하지 않는다. 그래서 이런 운동을 열심히 하면 보다 폭넓고 절제된 인간이 될 수 있다. 운동을 할 때는 승부보다 자세가 중요한 것 같다. 내면의 자아가 자신을 표현할 수 있도록 마음을 비우면 운동도 잘될 뿐만 아니라 멋있는 자세가 나오게 되고 기분까지도 좋아진다. 그리고 좋은 자세는 운동을 통한 자아실현과도 관계있으므로 단순한 승리보다 훨씬 의미가 있다고 할 수 있다.

그리고 운동을 할 때는 기합 소리에 유의할 필요가 있다. 기합 소리를 통해서 자신의 에너지가 증폭되고 정신이 집중된다는 것은 다 알고 있다. 여기에 더해서 기합 소리를 낼 때 자신의 신체가 일시적으로 강화되는 효과가 있다. 그러니 부상의 위험이 그만큼 줄어드는 것이다. 하단전에서 우렁차게 나오는 기합 소리는 원초적인 생명력의 표현이다. 그래서 기합 소리로 자신의 상태를 알 수도 있다. 컨디션이 좋지 않은 날은 큰 소리가 잘 나오지 않는데 이런 날은 그만큼 집중력이 떨어지고 신체 보호가 되지 않으므로 무리를 하면 안 된다. 그런 날은 몸이 허락하지 않는 날이므로 몸의 그러한 사정을 인정해 주어야 한다. 아마도 몸이 스스로 자신을 치유하는 날일 것이다. 이렇게 보면 컨디션이 좋지 않다는 것이 꼭 나쁜 것은 아니다. 몸이 한 단계 더 도약하는 준비를 하는지도 모른다.

몸만들기는 운동선수들만 하는 것으로 알고 있지만, 사실 모든 살아 있는 사람은 다 몸만들기를 해야 한다. 운동 이외의 다른 활동을 할 때도 근육이 동원된다. 그리고 자기가 하는 일이나 취미 활동마다 거기에 필요한 근육이 다 다르다. 그래서 필요한 근육을 길러야 한다. 몸만들기는 여름 휴가 직전에 남들에게 잘 보이기 위해서만 할 것이 아니라 자기 삶의 질을 높이기 위해서 평소에 해두어야 한다.

몸만들기에서 또 필수가 되는 것이 적정 체중 관리이다. 그러나 단기적으로 열심히 운동해서 살을 뺀 후에 다시 원위치하는 경우가 많다. 이것은 지속적으로 체중 관리를 해야 할 동기가 크지 않기 때문에 그런 것이다. 이성에게 잘 보이려고 몸만들기를 하는 것은 별로 동기가 강렬하지 않은 경우이다. 자신을 발전시키기 위한 목적으로 몸 관리가 이루어져야 지속적으로 할 수 있다. 과체중일 때는 몸의 느낌이 안 좋아지는 것은 물론이고, 행동 스타일이나 사고도 좋지 않은 영향을 받게 된다. 거대한 몸을 유지하는 것 자체에 에너지가 많이 활용되기 때문에 필요한 일에 집중하는 것도 힘들어진다. 그러므로 누구에게 잘 보이기 위해서가 아니라 자기 스스로의 삶을 위해 체중 관리를 해야 한다. 그리고 요요 현상이 생기는 이유는 일시적으로 몸이 변화해도 의식이 변화하지 않았기 때문이다. 그래서 몸과 의식 사이에 부조화가 생겨서 몸이 다시 원위치하게 되는 것이다. 살이 빠진다는 것은 지금과는 다른 사람이 되는 것이다. 그런데 몸만 바뀌고 주인인 의식은 그대로 있으면 몸이 다시 주인을 닮아서 과거로 돌아가 버릴 수밖에 없다. 그러니 자신의 삶을 향상시키기 위하여 몸 관리를 하겠다는 확고한 의지가 먼저 있어야 할 것이다.

운동은 역설적으로 하기 싫은 사람들이 더 열심히 해야 한다. 운동하기 싫다는 것은 그만큼 몸이 안 좋다는 것을 의미하기 때문이다. 그러니 신체 활동이 왕성한 젊은 남성보다 노인과 여성이 더 의도적으로 운동을 해야 한다는 결론이 나온다. 여성과 노인은 낙상을 당하기가 더 쉽다는데 이러한 위험을 피하기 위해서라도 규칙적인 운동을 할 필요가 있다. 그리고 운동은 몇 가지를 섞어서 하는 것이 좋다. 이때 한 가지를 주된 운동으로 삼고, 나머지는 보조운동으로 하는 것이 좋은 방법이다. 또한, 모든 운동의 기초는 근력 훈련과 유연성 훈련이라는 사실도 명심해야 한다. 사람은 몸을 기반으로 하여 모든 활동을 펼친다. 그러므로 튼튼한 체력의 뒷받침이 없으면 하는 모든 일이 모래로 성을 짓는 것이나 마찬가지가 된다.

어떤 체육 활동 못지않게 효과가 있으면서 운동이 하지 못하는 작용까지 해내는 것이 있다. 그것은 '춤'이다. 춤은 즐거움을 가져올 뿐만 아니라 몸을 활성화시켜 주고, 진동을 통해 신체를 미세하게 조정해 준다. 아마도 그래서 신라의 화랑(花郞)이 수련을 할 때 가무(歌舞)를 했을 것이다. 또한, 춤은 정서를 순화시켜 주는 작용도 하므로 교육적으로도 활용할 수 있는 여지가 크다. 나이가 적을수록 교육을 할 때 신체 활동과 병행해야 하고, 춤추는 것을 필수 코스로 넣어야 한다. 그러면 자동적으로 심신이 건강해지고 멋을 아는 사람이 되어 갈 수 있다. 또한, 나이를 먹을수록 몸이 경직되기 때문에 춤과 같은 부드러운 신체 활동이 필요한데, 우리 사회는 정반대로 가고 있는 것 같다. 나이 들수록 신체 활동은 포기하다시피 하면서 나이 때문에 어쩔 수 없다고 나이만 탓하는 경우가 많다. 그리고는 운동하는 대신 허리띠를 풀고 앉아 먹는 데 익숙해져 버린 것이다. 그러는 사이 몸은 더 무질서하게 된다. 나이가 들면 그동안의 활동에 대해 수확을 하게 되는데 이 소중한 작업을 잘해내기 위해서라도 탄력 있는 몸은 필수라 할 것이다. 결국, 나이가 많든 적든 즐겁고 의미 있는 인생을 위해서 춤추기를 열심히 할 것을 권하고 싶다. 그래서 술을 먹지 않고도 많은 사람들이 보는 가운데 춤을 출 수 있는 경지에 까지 올라야 한다. 물론 배우는 정형화된 춤보다 자연스럽게 내면에 서 나오는 흐름을 따른 춤이 훨씬 더 효과가 좋다. 비록 배운 춤보다 는 어설프게 보인다 하더라도 말이다. 어차피 인생 자체가 한 판의 생명의 춤이다. 그러므로 춤추는 인생이 더 의미가 있고 아름답다.

'운동(運動)'의 '운' 자와 '행운(幸運)'의 '운' 자는 같은 한자이다. 이렇게 글자를 보더라도, 운동은 행운을 부른다는 힌트를 얻을 수 있다. 운동으로 몸이 좋아지면 의식이 바르게 되고, 따라서 운까지 좋아진다는 논리가 꼭 억측은 아닐 것이다. 운동을 꾸준히 즐기면 좋은 일이 생기거나 좋은 인연을 찾을 수도 있을 것이다. 행운이란 결국 자신의 존재가 만들어 낸 작품이다. 운동으로 의식이 고양되고 빛을 발할 때 세상의 중심에 서게 된다. 이때 좋은 것을 끌어당기고 자신과 함께하기로 한 사람을 만나는 것은 당연한 이치이다. 춤을 출 때 몰입의 상태가 되면 이런 일이 일어날 가능성이 커진다. 아마도 운동에는 우리가 알지 못하는 어떤 좋은 효과가 더 있을 것이다.

사회의 다른 분야도 그렇지만 체육 활동도 지도층의 솔선이 중요하다. 여기서 지도층이란 체육 지도자만을 의미하는 것이 아니라 정치인을 포함한다. 사실 바른 사회가 되려면 정치인들이 먼저 신체 단련을 통해서 건강해지고, 그 후에 국민들한테 체육 활동을 권하는 것이 올바른 순서이다. "수신(修身) 후에 치국평천하(治國平天下)하라."는 말도 있다. 이런 일을 할 시간이 없다는 것은 마음이 없다는 말과 같다. 또한, 중요도로 보면, 생명과 건강보다 더 중요한 것이 어디 있는가. 그러니 다른 일보다도 자신과 국민의 건강을 가장 중요시해야 할 것이다. 아마도 정치인들이 운동을 잘하게 된다면 그 이유만으로도 우리 사회 문제의 상당 부분이 해소될 것이다. 강건한 신체와 옹졸한 마음은 함께하기 어렵기 때문이다. 그리고 자기 몸의 상태는 협상 테이블에서도 작용한다. 회의실을 압도하는 체력이 있다면 이 능력도 협상에 반영된다. 육체에서 나오는 멋이나 아름다움도 물론 협상에 작용할 것이다. 결국, 운동은 밥 먹는 것만큼이나 중요하다. 그러니 운동을 밥 먹듯이 하는 풍토를 만들어야 한다.

■ □ □ □ □ □ □ □ □

의식 관리

———

 사람들 중에는 차에 온갖 잡동사니가 뒤엉켜 있고, 음식물 찌꺼기마저 들러붙어 있는 경우가 있다. 이 경우에는 주인도 어디에 무엇이 있는지 몰라서 필요한 물건을 제때에 찾기 어려울 것이다. 차 안의 정돈 상태는 누구나 눈으로 확인할 수 있다. 그러나 모든 것의 출발점인 자신의 의식 상태는 자신이 알아보려고 하기 전에는 자각하기 어렵다. 남의 상태는 알기가 더 어렵다. 그런데 내면의 상태는 자동차 내부 정돈 상태보다 삶에 더 큰 영향을 미친다. 그래서 주기적인 청소 작업이 필요하다. 어떤 사람들은 의식 상태가 복마전(伏魔殿)같이 복잡하게 되어 있는 경우가 있다. 이런 상태 하에서는 생각과 생각이 서로 충돌되고, 신념과 신념이 서로 방해를 할 수 있다. 그러니 이런 경우는 무슨 일이 닥칠지 알 수 없는 것이다.

 사람과 컴퓨터를 비교해 보면 의식구조를 좀 더 쉽게 이해할 수 있다. 컴퓨터에서의 하드웨어는 인간에서는 몸에 해당한다. 소프트웨어는 에고이고, 운영자는 참 자아라고 볼 수 있다. 에고는 생각과 신념이 주 내용물이다. 같은 생각을 되풀이하면 신념이 되고, 이것은 단순한 생각보다 더 큰 영향을 미친다. 그리고 컴퓨터에서의 폴더가 인간에게는 신념이고, 파일이 생각이라고 볼 수 있다. 컴퓨터를 사용할 때 쓸데없는 폴더와 파일이 많으면 정작 필요한 정보를 저장할 공간이 적어지고 작업 속도도 떨어지게 된다. 인간도 마찬가지이다. 쓸데없는 신념과 생각이 많으면 필요한 일에 집중하기도 어렵고, 에너지만 낭비하게 된다. 그래서 컴퓨터의 필요 없는 파일을 지우듯이 인간의 의식 속에서도 필요 없는 것들을 정리할 필요가 있다. 자신에게 필요한 것만 남기고, 나머지는 떠나 보내야 한다. 어떻게 하면 내보낼 수 있을까? 단지 이제는 필요 없어진 신념 체계나 생각을 정하고 그것을 놓아버릴 것이라고 결심하라. 그리고 나머지는 더 깊은 자아가 해결해 줄 것이라 믿고 맡겨라.

머릿속에 신념 체계로 꼭 심어 놓기를 추천하고 싶은 내용이 두 가지가 있다. 한 가지는 '안전', 또 다른 것은 '건강'이다. 건강과 안전 이 두 항목에 대해서는 되풀이해서 긍정적으로 생각하여 자신은 언제나 안전하고 건강하다는 것을 확실하게 뇌리에 못 박아 두기를 권한다. 그 믿음 강도에 비례해서 실제로 삶에 영향이 나타날 것이다. 컴퓨터를 잘 관리하는 사람의 메모리를 보면 최소한의 폴더가 있고, 그 하위에 필요한 파일이 적당히 배분되어 있다. 인간도 이와 똑같이 할 필요가 있다. 의식적으로 자신에게 도움이 되는 생각만 하고 도움이 되는 신념 체계를 만들어야 한다. 몸처럼 의식도 나의 것이 므로 나의 의도대로 만들 수 있어야 한다. 이렇게 하려는 것이 진정한 주인의 태도이며, 이때 진정한 자유를 누린다고 할 수 있다. 보통 사람들의 머릿속은 사회가 주입한 생각들로 가득 차 있고, 여기에 자신의 부정적인 경험까지 더해져서 마치 잡동사니가 나뒹구는 자동차 속같이 되어 있다. 그러면서 왜 의식이 명료하지 않은지, 왜 모순되는 일이 자꾸 생기는지 궁금해한다. 그리고 자신의 의식이 복잡한 사람은 자기 물건도 정리 안 된 상태로 방치하는 경우가 많다. 물건의 상태도 주인을 닮아 가는 것이다.

■ □ □ □ □ □ □ □ □

인정

———

내가 돈이 많으니까 또는 사회적 지위가 높으니까 사회적으로 인정
받는 사람이라고 생각하고, 거기에 의미를 두는 사람들이 많다. 그
러나 다른 사람들이 해주는 인정은 의외로 자신에게 도움이 되지 못
한다. 인정도 자기 스스로 하는 것이라야 더 바람직하다. 왜냐하면,
주위 사람들은 항상 함께하지 않지만, 자신과는 항상 함께 있기 때
문이다. 그러니 자신을 있는 그대로 받아들이고 인정하면 항상 기분
이 좋고, 건강에도 도움이 될 것이며, 일에도 효율이 오를 것이다. 더
군다나 스스로가 하는 인정은 취소되어 버리는 경우가 없다. 또한,
어떠한 조건도 필요하지 않다. 무조건 인정해 버리면 그만이다. 들어
가는 비용은 없는 데 반해, 그 효과는 엄청나게 크다. 다른 사람으
로부터 받는 인정은 퇴직하거나 하게 되면 급격히 떨어지고, 이때는
인기 떨어진 연예인 같은 신세가 되고 만다. 그러니 소중한 자신을

스스로 인정하고 사랑하는 것이 더 현명하고 이치에 맞다고 할 수 있다.

　살면서 어떤 일이 일어나든지 나와 현재(現在)에 초점을 맞추고 있어야 한다. 만물 중에 나의 의지대로 되는 것은 나밖에 없고, 내가 존재하는 시간도 지금 이 순간밖에 없기 때문이다. 그러므로 나와 현재가 실체(實體)이다. 즐기는 것도 나와 현재에 초점이 맞춰져 있어야 가능하고, 새로운 무엇을 이루려 할 때도 먼저 내가 굳건히 중심을 잡고 현재 할 수 있는 일을 통해서 해내야 한다. 나 아닌 외부에서 답을 구하거나, 과거와 미래에 집착하고 있다면, 결과는 허망할 뿐이다. 그래서 내가 달라져야 내 삶이 달라지고, 내가 변화해야 세상도 변하게 된다. 내가 모든 일의 중심에 있기 때문이다. 그러니 자기 관리를 통해서 자기를 향상시키는 일이 인생에서 가장 중요한 일이고, 나머지 일들은 부수적인 것일 뿐이다. 물론 자기 관리도 지금 해야 한다.
　자기 관리를 할 때 도움이 되는 프로그램이 하나 있는데 그것은 '습관'이다. 잘 먹는 것, 적당히 운동하는 것, 올바르게 생각하는 것을 습관화해 두면 마치 비행기의 자동항법장치처럼 저절로 앞으로 가게 되어 있다. 잘못하게 되면 습관의 노예가 되어 당하게 되고, 잘하면 습관의 주인이 되어 나에게 유리하게 이용할 수 있다. "습관이 운명도 바꾼다."는 말이 있을 만큼 중요한 내용이므로 잘 점검을 해서 자기에게 필요한 좋은 습관을 챙겨야 한다.

물건의 용도를 모르면 잘못 사용하게 된다. 그리고 빨리 망가져 버린다. 사람도 자신을 모르면 모르는 것으로 끝나지 않고, 잘못 사용하게 되어 있다. 결국, 자기를 망가뜨릴 수도 있다. 물건은 잘못되면 다시 살 수 있는 기회가 있지만, 사람은 그게 불가능하다. 그래서 자신을 성찰하는 노력을 하지 않으면 첫 단추부터 잘못 채워지는 셈이 된다.

2
장

경제

———

삶의 기반

가난은 축복이다

　가난한 사람들은 마치 물에 빠진 사람처럼 무조건 거기서 벗어나려고 허우적거리기만 한다. 자기가 처한 상황이 어떤 상황인지 알아보려고도 하지 않는다. 그러다가 더 깊은 가난의 늪으로 빠져들어가는 경우도 있다. 몸이 아픈 것이 꼭 나쁜 것만은 아니듯이, 가난에도 또 다른 의미가 있을지 모른다. 그런데 이것을 관찰할 여유가 없는 것이다.

　사회 통념을 잠시 옆으로 치우고 가난하다는 사실을 있는 그대로 바라보면, 의외로 가난에도 좋은 점이 있다는 것을 알 수 있다. 이해의 폭이 넓은 성숙한 사람이 될 수 있는 기회가 주어지는 것이다. 이러한 기회는 태생이 부자인 사람은 절대 가져 볼 수 없는 기회이다. 그러므로 가난에 저항하지 말고 내 탓이라고 수용하는 마음을 가지면, 그동안 자기에게 거부되어 온 영역으로 접근이 가능하게 될 수도 있다.

하늘이 장차 어떤 사람에게

큰일을 맡기려 할 때는

반드시 먼저 그 마음을 괴롭히고

근육과 뼈를 수고롭게 하며

몸을 굶주리게 하고

생활을 궁핍하게 하여

하는 일을 어지럽게 하니

이는 마음을 분발시키고

인내하는 성품을 길러서

전에는 해내지 못했던 일을

능히 감당할 수 있도록

하기 위함이다.

— 『맹자(孟子)』, 「告子章句」

또한, 가난하고 어려울 때 체득한 교훈과 성품은 영원히 그 사람과 함께하는 보배가 될 것이다. 바닥까지 떨어졌을 때도 자신에 대한 신념을 가지고 비전을 놓치지 않을 수 있다면, 이 사람은 인생의 정수를 마스터했다고 해도 좋을 것이다.

자신을 성장시켜 준 가난함에 감사할 때 그 사람의 인생은 리세팅(resetting)되고 가난으로부터 졸업할 수도 있다. 졸업한 학교에는 다시 가지 않는 법이다. 그리고 진정한 부자가 될 자격을 갖추게 된 것이다. 발상을 전환하면 가난은 저주가 아니라 세상이 자신을 특별하게 생각해서 내려준 단련의 기회, 즉 '축복'임을 알게 될 것이다. 그러니 "가난은 지긋지긋하다. 일말의 미덕도 없다."는 사고방식은 별로 좋지 않다. 이런 생각을 하고 있으면 공부가 끝나지 않았기 때문에 가난이라는 학습의 장에 더 머물러야 할지도 모른다. 가난을 사랑할 수 있을 때 가난을 끝낼 수 있다.

성공학에서 흔히 원하는 것에 집중하고, 원하지 않는 부분은 놔두라고 하는 경우가 있다. 가난 문제로 고통을 받고 있는데 이 부분은 그냥 두고, 부에만 집중하면 가난 문제가 저절로 소멸될까? 원하지 않는 부분도 자신의 작품이므로 실체를 바로 보고 수용해서 근본적으로 해결을 해두어야 한다. 가난 문제의 해결이 꼭 부자가 되는 것만은 아닐 것이다. 더 이상 가난으로 인해 괴롭지 않으면 된다. 가난 속에서도 인생을 즐겁게 살 수 있으면 가난 문제가 해결된 것이다. 이런 식으로 가난 문제를 정리해 두지 않으면 결정적인 순간에 발목이 잡힐 수 있다. 자신이 초래한 가난을 왜 바로 보려고 하지 않는가? 피하려고 하지 말고 관찰하려고 했을 때 문제 소멸의 길이 열린다.

이제는 청부의
시대다

———

    고상한 뜻을 가지고 있으나 돈이 없어서 뜻을 펴지 못하는 사람들이 많이 있다. 또한, 돈이 필요한데도 자신은 돈이 필요치 않은 것처럼 이중적인 태도를 보이는 사람들도 있다. 돈은 현실 생활에 꼭 필요한 에너지이고, 하고 싶은 일을 할 수 있게 하는 매개체이다. 이제는 돈에 대한 새로운 가치관의 정립이 요구되는 시점이 되었다.

    우리가 이 물질 세상에 태어난 이유는 고상한 정신적 영역에만 머물기 위함도 아니요 물질적인 성공만을 추구하기 위함도 아닐 것이다. 물질을 학습 도구로 삼아 자신의 정신세계를 고양시키고 그 경지를 세상에서 펼쳐 보기 위해서 태어난 것이다. 즉, 물질과 정신의 조화를 이루고, 결국은 정신과 물질을 통합하는 것이 생의 목적이라 볼 수 있다. 토굴에서 수련하는 사람들도 돈이 필요한 세상이라고 한다. 그러니 "돈이란 점잖은 사람들이 가까이할 물건이 못 된다."는 식의 태도를 버리고 돈을 인정하고 사랑해야 할 때가 되었다. 가난을 사랑할 수 있어야 하듯이, 부유함도 사랑할 수 있어야 한다. 양극성 중에서 하나만 사랑하고 다른 것은 배척한다면 그 사람의 이해의 폭은 그만큼 좁을 것이다. 가난도 부유함도 이해하고, 가난한 사람과도 부자와도 어울릴 수 있는 것이 진정한 자유이다. 양분법을 뛰어넘어서 더 나아가야 한다.

전통사회에서는 청빈을 강조했었다. 대다수가 절대 빈곤에서 벗어나지 못한 상황에서 자기 혼자만 호의호식한다는 것은 생각하기도 어려웠을 것이다. 그러나 이제 시대가 바뀌었다. 모두가 잘살 수 있는 시대가 온 것이다. 30년 전과 비교하면 모든 사람이 부자가 되었다고 해도 과언이 아니다. 여기서 조금 더 나아가면 북유럽처럼 더 잘살 수도 있게 된다. 모든 사람이 저마다 하고 싶은 일을 할 수 있고, 인간다운 삶을 영위하기 위해서는 그 토대로서 부가 꼭 필요하다. 돈이 많아야 선진 복지 국가로 진입할 수 있다. 그래서 이제는 부에 대한 인식의 전환이 필요한 시점이 되었다.

운이 좋은 것도 능력으로 봐야 한다. 모르면 운이지만, 알고 보면 필연인 경우가 많다. 다만, 아직 우리가 그것을 볼 수 있는 지혜가 부족해서 모르는 것뿐이다. 지금도 복권에 당첨되어 받은 돈을 그 사람의 재산으로 인정해 준다. 복권에 당첨된 사람의 평소의 언행이 자신도 모르게 돈과 행운을 불러온 것인지도 모른다. 복이 많은 사람을 너무 시기하고 억누르려고 하면 이를 정산하기 위해 다른 곳에서 문제가 터질 수도 있다.

이제는 '청부(淸富)'가 필요한 시점이 되었다. 정당하게 돈을 벌고, 멋지게 돈을 쓸 줄도 아는 깨끗한 부자가 많이 나와야 한다. 정승같이 벌어야 정승같이 쓸 수 있는 법이다. 그리고 이러한 부자들을 인정하고 존경하는 풍토를 만들어야 한다. 부자를 욕하고 저주하면 자신은 부에서 점점 멀어지게 될 뿐이다. 사람이든 동물이든 무엇이든 싫어하고 욕하는 사람에게 가까이 가고 싶겠는가. 예를 들어, 좋은 차를 보면 억하심정(抑何心情)에서 못으로 긁어버리는 사람이 있다. 이 사람의 의식 속에는 돈, 좋은 차, 행운, 다른 좋은 것들을 거부하는 무엇이 있는 것이다. 그는 자신의 행동으로 자신은 좋은 차를 살 수 없다는 것을 선언하고 있는 셈이다. 결국, 자기만 손해를 보게 된다. 이제 발상을 전환해서 정당하게 돈을 번 사람은 인정해 주는 사회 분위기를 만들어야 한다. 그래야 부자가 많이 나올 수 있고, 부자가 많아져야 세금도 많이 걷히고, 국민경제 발전에도 도움이 된다. 현실에서 승리하기 위해서는 돈 문제를 외면할 수 없는 것이다.

□ ■ □ □ □ □ □ □ □

부자 되는
연습을 하자

———

우리가 부지런히 일해서 돈을 모으는 것도 결국은 쓰기 위해서이다. 부자도 마찬가지이다. 그래서 다른 사람보다 우선 자신을 위해서 돈을 쓸 줄 알아야 한다. 돈이 통장에 있을 때와 쓸 때의 느낌은 다른 것이다. 좋은 차, 좋은 집, 좋은 물건을 사서 자기 자신을 잘 대접할 필요가 있다. 또 새로운 생활 아이템이나 문화를 소개하는 역할을 부자들이 할 수 있다. 이런 식으로 돈을 써봐야 자신이 부유하다는 것을 느낄 수 있다. 자기가 아직도 부자임을 느끼지 못한다면 돈이 아무리 많더라도 진정한 부자라고 할 수는 없을 것이다. 부자임을 자각하지 못하면 부자로서의 역할도 할 수 없게 된다. 그렇게 되면 개인적으로도 사회적으로도 손실이다. 다른 사람 눈치 보지 말고 자신이 하고 싶은 것은 했을 때 만족이 생긴다. 또 어떤 통찰이 일어날 수도 있는 것이다. 자신을 위할 줄 알아야 남도 위할 줄 알게 된다. 그러니 남들이 자기에게 대접해 주기를 바라는 대로 먼저 자신을 대접하라.

부자도 분명히 사람이고 감정이 있는데, 희생만 강요한다면 그걸 따르고 싶은 마음이 별로 생기지 않을 것이다. 그리고 타고난 부자 취향을 너무 억누르면 그 사람의 장점마저 억압하는 결과가 될 수도 있다. 우리 사회는 서민적 취향만 좋게 평가하고 귀족적인 취향은 금기시하는 경향이 있다. 서민 생활도 인정해야겠지만, 귀족적인 생활도 이해할 수 있어야 한다. 선진국이 된다는 것은 점점 귀족같이 되어 간다는 의미도 있지 않은가. 후진국 사람과 비교했을 때 선진국 사람들의 생활을 들여다보면 귀족과 같다. 그러니 소탈한 서민적인 성품도 좋지만 세련된 안목도 필요한 시대가 되었다. 그래서 부자 되는 연습이 필요한 시점이 되었다.

우리나라는 오랫동안 1인당 국민소득 2만 달러 대에 머물러 있다. 혹시 이것이 우리가 과거 가난하던 때에 만들어진 가치관에서 벗어나지 못해서, 즉 의식이 바뀌지 않아서 그런 것은 아닌가. 아직도 빈곤 의식이나 피해 의식을 가지고 있다면 이런 의식하에서는 선진국이 될 수가 없다. 선진국이 된다는 것은 일류가 된다는 것인데, 그러기 위해서는 품격과 자부심이 있어야 하고, 풍요 의식이 있어야 한다. 가난이 잘못이 아니듯, 부유함도 잘못된 것이 아니다. 그러니 서민들을 받아들이듯이, 잘사는 사람들도 받아들여야 한다. 한편으로는 선진국 진입을 갈망하면서, 다른 한편으로는 선진국민으로서의 품성을 갖기를 거부한다면 앞으로 계속해서 후진국도 아니고 선진국도 아닌 애매한 상황이 전개될 것이다. 한편으로는 선진국 진입을 원하면서도, 또 다른 한편으로는 그 길을 막아버리는 셈이 된다. 그러므로 스스로 채운 족쇄를 풀어 자신도 부자가 되는 것을 허락하고, 우리나라도 부자가 되는 것을 허락해야 한다.

가난한 사람들과 돈에 여유가 있는 사람이 함께 만날 때 돈을 내야 할 사람이 정해져 있다시피 한다면 이때는 누구라도 만남에 부담을 느낄 것이다. 이래서는 부자와 빈자가 함께 어울리기 어렵다. 물론 똑같은 비용을 낼 수는 없겠으나 함께 부담하겠다는 마음만 가진다면 모든 문제는 해결될 것이다. 그리고 중요한 것은 이때 통장 잔고는 다르겠으나, 어떤 부분에서는 동격이 된다는 사실이다. 그러면 가난한 사람도 부자가 될 가능성이 더 커지게 된다. 그는 부자가 될 자질을 갖추었기 때문이다.

전에 어떤 사람이 "나는 가난하기 때문에 부자한테는 선물을 할수 없고 무조건 받아야 한다."고 말하는 것을 들은 적이 있다. 이런 소리를 듣고도 이 사람한테 좋은 것을 주고 싶은 사람이 있겠는가. 반면에 부자를 만났을 때 "당신을 존경합니다. 더 부자가 되기를 바랍니다. 부자 되는 방법을 저한테도 좀 가르쳐 주십시오."라는 식으로 말해 보라. 그러면 아마도 그 부자의 태도가 달라질 것이다. 그리고 좋은 인연이 이어질 수도 있지 않을까 싶다.

많이 번 사람은 많이 써야 국민경제가 돌아간다. 돈 많은 사람들이 돈 쓸 때 눈치 주지 말고, 오히려 복락을 누릴 수 있게 축복을 하라. 그러면 자기도 그런 축복을 받을 수 있는 곳으로 가는 길이 열릴 수 있다.

기업가의 역할이
중요하다

―――――

기업가는 회사에서나 국민경제에서나 견인차 역할을 하는 소중한
재원들이다. 기업가들에게 요구되는 두 가지 덕목이 있다면 '큰 꿈'과
'열정' 두 가지를 들 수 있겠다. 먼저, 꿈에 대해서 이야기해 보자. 꿈
을 꿀 때는 큰 꿈을 꿀 필요가 있다.

> 작은 꿈은 꾸지도 마라.
> 그것은 인간의 영혼을 움직이지 못한다.
>
> ― 빅토르 위고(Victor Hugo, 1802~1885)

가슴이 설렐 만한 원대한 비전이 있어야 내면의 잠재력이 움직이
려고 한다. 기업가라면 회사 수익률에만 관심을 가질 것이 아니라 시
야를 크게 해서 우리나라의 GDP를 올리는 데 이바지하려는 자세를

가지는 것이 좋다. 이런 꿈을 가지면 점점 그 꿈을 닮아 가서 국가 경제에 기여할 만한 큰 기업인이 될 수도 있을 것이다. 꿈을 더 크게 꾼다고 세금을 더 내는 것은 아니지만, 실익은 막대하다. 그리고 열정은 꿈을 실현시키는 에너지이다. 열정이 없다는 것은 자신도 감동시키지 못한다는 뜻이다. 자신도 감동시킬 수 없는데 남을 감동시킬 수 있겠는가. 그래서 비전과 열정을 사람을 끌고 가는 '쌍두마'라 볼 수도 있다.

종업원에게 동기를 부여하고 열정을 가지게 하는 좋은 방법은 재미와 즐거움을 활용하는 것이다. 일할 때는 무기력하다가도 노래방에 가면 생기가 도는 사람들이 있다. 사람에게 이렇게 활력을 주는 그 무엇을 빼고는 능률도 성공도 기대하기 어렵다. 종업원들은 사장의 논리적인 훈시보다 감성적인 재미나 즐거움에 더 크게 반응한다. 그래서 이 원리를 기업 경영에 적극적으로 활용할 필요가 있다. 이미 성공한 것처럼 같이 어울려 파티하고 노는 것을 의도적으로 해야 한다. 어쩌다 선심성으로 베푸는 것이 아니라 전략적으로 할 필요가 있다.

비전과 열정은 모두 나의 내면에서 나오는 것이다. 그러니 승부는 자신의 의식 속에서 먼저 판가름나고, 다만 현장에서는 그것을 확인할 뿐이다. 결국, 성공은 마인드 게임인 것이다. 자신을 믿고 외부 상황이 어떠하더라도 일관되게 비전을 견지할 수 있으면 그 사람은 성공할 자격을 갖춘 것이다.

□ ■ □ □ □ □ □ □ □

병법에서 답을
구하라

———

세계화 시대의 경제 활동을 흔히 '총성 없는 전쟁'이라고들 한다. 결과에 많은 사람들의 운명이 걸려 있고, 그래서 조직의 모든 힘을 동원해야 하며, 깊은 지략이 필요하다는 점에서 그러하다고 볼 수 있다. 고대부터 전쟁은 생사흥망이 엇갈리는 일대 사건이었다. 이런 상황에서는 가장 깊은 지혜를 짜내지 않을 수가 없고, 변화하지 않을 수가 없었을 것이다. 그러므로 이러한 극한 상황을 승리로 이끈 사람들의 교훈은 무서울 정도로 삶의 핵심을 관통한다. 그래서 많은 학교와 기업에서 병법서(兵法書)를 연구하고 있다. 특히, 많이 이용하는 것은 세계 3대 병법서에 속하는 『손자병법(孫子兵法)』과 『오륜서(五輪書)』이다. 『손자병법』은 유명한 손무(孫武)의 저서이고, 『오륜서』는 일본의 전설적인 검객 미야모토 무사시(宮本武藏, 1584~1645)가 은퇴 후 지은 책이다. 『손자병법』은 국가 간의 군사적 전략에 대한 내용이

58

고, 『오륜서』는 주로 개인 간의 대결을 내용으로 하고 있다. 그러나 『오륜서』에도 집단 전략에 대한 내용이 다소 있고, 심리적인 자세 등이 잘 나와 있으므로 처세와 경영에서도 충분히 활용할 수 있다. 물론 요즈음은 전장(戰場) 환경이 많이 변화해서 병법서들이 나올 때와는 상황이 다르나 인간의 신체와 심리는 예나 지금이나 같고, 인간사의 원리 또한 동일하다 할 수 있다. 그러므로 병법서들은 시대를 뛰어넘어 오늘날에도 여전히 가치가 있다고 할 수 있다.

날씨를 보면 따뜻하고 온화한 날씨가 있는 반면, 천둥·번개가 치는 사나운 날씨도 있다. 노래와 춤도 강약의 흐름이 있어야 성립될 수 있다. 자연현상도 인간의 활동도 이런 식으로 리듬 속에서 영고성쇠(榮枯盛衰)를 펼치고 있다.

其疾如風
其徐如林
侵掠如火
不動如山
빠르기는 바람과 같이하고
느리기는 숲과 같이하라.
공격할 때는 불과 같이하고
움직이지 않을 때는 산과 같이하라.

— 『손자병법』

위의 가르침을 전투에 적극적으로 활용한 사람은 일본 전국시대의 무장 다케다 신겐(武田信玄, 1521~1573)이다. 그는 풍림화산(風林火山)이라는 군기를 만들어 전투에 나가기도 했었다. 『오륜서』에서도 전투와 인생에서의 박자를 중시하고 있다. 이와 같이 병법서를 통해서 우리는 강해야 할 때와 부드러워야 할 때 그리고 나아갈 때와 물러설 때를 배울 수 있다. 그래야 흐름을 탈 수 있고, 변화를 이용할 수 있게 된다. 물론 이렇게 되기 위해서는 의식이 열려 있어서 큰 판을 볼 수 있어야 한다. 그리고 이론으로만 공부하는 것보다 신체 단련과 병행할 때 그 앎은 더욱 커진다. 머리로 이해하는 것보다 체득하는 것이 수준이 훨씬 높기 때문이다. 나아가서 단체로 신체 단련과 병법 연구를 함께한다면 그 단체는 무적이 된다. 구성원 전체가 지혜와 힘을 갖추었는데 누가 상대를 할 수 있겠는가.

그 어떤 영웅도 100전 100승을 거둔 사람은 없다. 칭기즈칸조차도 칸(汗)이 되기 전에 숙적인 부족과의 전투에서 져서 부인까지 빼앗기고 도망친 적이 있다. 이순신도 젊은 시절 북쪽 국경에서 근무할 때 싸움에서 진 적이 있다. 그러므로 최선의 상황을 기대하되 최악의 상황에 대한 마음의 준비도 필요하다. 최악의 상황이 오더라도 '내가 최선을 다했으니 그것으로 족하다.'라는 담담한 태도를 지녀야 한다. 그런데 이런 경지가 되면, 역설적으로 최악의 상황이 올 확률이 현격히 줄어든다. 시뮬레이션 상황에서 비행기를 잘 조종하는 사람은 실제 상황에서도 잘 조종할 수 있다. 마음속에서 최악의 상황이 오더라도 흔들리지 않겠다는 결의를 하는 것은 시뮬레이션 상황에서 다가올 위험을 미리 극복한 것이나 마찬가지이다. 이런 내공은 현실에 그대로 반영된다. 이런 수준에 이른 사람은 의식이 한 단계 업그레이드되었기 때문에 낮은 의식 상태에서 발생하는 문제가 생기지 않을 수 있다. 이순신도 전투에 임할 때 부하들에게 '사즉생(死卽生)'을 강조했었다. 국가를 위해서 죽음을 무릅쓰고 싸우겠다는 자세를 가질 때 생사를 초월하게 되고, 오히려 살 확률이 훨씬 더 높다는 것을 잘 알았기 때문일 것이다. 이 원리는 결과로도 증명이 된다. 이순신이 지휘한 해전에서는 일본군과의 전사자 비율을 보면 조선군의 전사자는 없다고 보아도 좋을 정도로 미미했다. 그리고 임진란 전체 해전을 통틀어 23전 23승을 할 수 있었다. 물론 사즉생의 정신만이 전과에 영향을 미친 것은 아닐 것이다. 전선(戰船)이 우수하고 지휘관의 능력이 탁월한 부분도 있을 것이다. 그러나 결연한 장졸들의 정신적인 자세도 승리의 큰 원인인 것은 분명하다. 이처럼 하기에 따라서는 죽을 곳에서도 살길이 열리게 된다. 그러므로 희망이 없는 상황은 없다고 할 수 있겠다.

그러므로 병법을 접할 때 필수 코스가 두려움을 극복하는 것이 되어야 한다. 두려움 중에서 가장 크고 근원적인 두려움은 역시 죽음에 대한 두려움이다. 그래서 이것을 극복하면 하위에 있는 두려움들은 쉽게 소멸될 수 있다. 전쟁은 물론이고 경영과 운동에서도 뜻밖에 죽음의 공포가 작용한다. 예를 들어, 운동을 할 때 과감하게 앞으로 나가지 못하는 것을 분석해 보면 그 망설임이 결국은 죽음에 대한 공포에서 기인한 것임을 알 수 있다. 모든 두려움은 결국 죽음에 대한 두려움으로 이어지기 때문이다. 그래서 현대인들은 칼 들고 전쟁터에 갈 일은 없으나 생사관만은 분명히 해둘 필요가 있다. 하나뿐인 목숨은 소중히 관리해야 하나, 인생의 가장 소중한 목표를 위해서는 이것마저도 버리겠다는 결의가 필요하다. 특히, 남자들은 더욱 그러하다. 이 경지가 되면 몸속의 혈액과 기운이 장중하게 흐른다. 더 이상 유한한 존재만은 아닌 것이다. 대장부가 된 것이다. 이제 이 사람은 세상의 중심에 서고, 세상은 이 사람을 중심으로 움직인다. 주위의 반응을 통하여 이 사실을 알 수 있다. 이렇게 죽음에 대한 입장을 명확히 해두면 오히려 살아 있을 때 더 잘 살 수 있다. 두려움에서 해방되어서 자기가 하는 일에 전념할 수 있게 된다. 두려움을 넘어선 존재에게 더 이상 남아 있는 문제란 것이 무엇이 있을 것인가.

경영과 전쟁은 서로 통하는 점이 많으므로 무사 정신을 경제와 경영에 접목하는 것이 가능하다고 볼 수 있다. 무사의 최고의 단계는 활인검(活人劍)의 경지이다. 동양에서는 사람을 죽이기 위해서가 아니라, 사람을 살리기 위해서 칼을 사용하는 사람을 최고의 무사로 본다. 현대의 경제 전쟁에서도 활인검을 구사할 수 있다. 회사가 망하면 길거리로 나가야 하는 종업원의 마음을 헤아릴 줄 알고, 경쟁에 진 상대 회사도 측은하게 여길 줄 안다면, 이것이 바로 활인검의 경지가 아니고 무엇이겠는가. 자신이 칼자루를 잡고 있지만, 칼끝에 놓인 자의 두려움도 알고, 베이는 자의 절망도 이해하는 진정한 무사의 경지에 이른 것이다. 이런 사람은 자기 종업원을 살리기 위해서 그리고 경쟁 회사의 종업원도 배려하면서 경영을 혁신할 수 있을 것이다. 이때 전환이 일어난다. 이익을 위해서 대립 투쟁하고 아귀다툼하는 수준에서 협력과 공존의 새로운 단계로 발전할 수 있는 가능성이 생기게 된다. 그리고 이때야 비로소 싸우지 않고 승리하는 길이 열릴 수 있다.

병법을 활용할 때 주의해야 할 사항이 있다. 예를 들면, 『손자병법』에 '병자궤도야(兵者詭道也)'라는 내용이 있다. "병법의 본질은 속이는 것이다."라는 의미이다. 성동격서(聲東擊西), 즉 동쪽에서 소리를 내고 서쪽을 친다는 것과 의미가 같다. 성동격서식 전략의 대표적인 활용 사례가 노르망디상륙작전이다. 그러나 실제 전쟁이 아닌 일상생활에서 병법의 이런 부분을 적용할 때는 법과 상식의 범위 내에서만 이루어져야 할 것이다.

□ ■ □ □ □ □ □ □ □

불확실성을
뛰어넘어라

———

　모든 경제 주체들을 힘들게 하는 대표적인 것이 미래의 불확실성일 것이다. 가계는 가계대로 현재의 소득이 지속될 수 있을지 걱정이고, 기업은 당장 1년 후의 시장을 알 수가 없다. 미래를 전망했을 때 답이 잘 나오지 않는 이유 중의 하나는 미래 전망을 지식을 통해서 하기 때문이다. 단어와 숫자의 위치를 아무리 바꾸어 봐도 거기에서 근본적인 답이 나오기 어렵다. 또 분석을 적용하려고 하면 상황이 달라져 있을 수도 있다. 그러나 문제가 있으면 답도 있는 법이다. 답은 의외로 가까이에 존재할 수도 있다. 그래서 발상의 전환이 필요하다. 불확실성에 대처하는 방법을 강구해 보기로 하자.

　첫째, 자신에게 답을 물어야 한다. 물론 내면의 깊은 지혜를 구하라는 것이다. 우리 내면에 잠재해서 조용하게 기다리는 또 다른 자아는 두려움과 실패를 모른다. 어떠한 상황이라도 대처할 수 있다.

그리고 평소부터 친해 두면 어려움 자체를 피해갈 수도 있다. 멀리서 답을 구할수록 점점 정답과는 거리가 멀어지게 된다. 그리고 의식적인 노력을 할수록 상황만 더 꼬이는 경우도 있다. 외부의 자아가 해결할 수 없는 일이 있으면 그것을 내부의 자아에게 넘겨주어라. 그리고 초조해하지 말고 답을 기다려라. 적절한 순간에 자신이 이해할 수 있는 형태로 답이 떠오를 것이다. 단지, 조건은 자신을 철저히 믿어야 한다는 것이다.

둘째, 평소 심신을 단련하라. 별일이 아닌데도 튼튼한 몸이 의식을 받쳐 주지 못하면 두려움을 느끼게 된다. 평소에 적절한 운동으로 신체를 단련하면 어지간한 변화 요인이 있어도 흔들리지 않을 것이다. 평상심(平常心)이 되는 것이다. 미야모토 무사시도 상황이 어떠하든지 간에 평상심을 가질 것을 강조한다. 1장에서 격투기 종목을 권한 이유도 자신감과 평상심을 가지는 데는 직접 상대와 대련할 수 있는 운동이 좋기 때문이다. 평상시에 상대와 많이 겨루어 보면 맞고 때리고 하는 일도 별일 아니라는 것을 알게 된다. 동시에 우리가 걱정으로 대하던 일들도 그렇게 대단한 것은 아니라는 것도 터득하게 된다. 그래서 특히 남을 지도하는 위치에 서 있는 사람들은 신체 단련을 게을리하지 말아야 한다. 자기의 상태가 따르는 사람들에게도 큰 영향을 미치기 때문이다. 이런 엄연한 부분을 등한시하면 결정적인 상황을 앞두고 자신의 부족함이 나타날 수 있다. 앞에서 정치인들에게 운동을 권한 이유도 바로 여기에 있다. 운동을 통해 심신이 수련되면 그 자체가 문제를 많이 감소시킨다. 그래서 경제가 불안정해지더라도 자기는 영향을 덜 받게 된다. 반대로 자신이 불안정하면 경제의 일상적인 변동이 더 크게 느껴질 수 있다. 말을 타고 달리면 땅이 올라갔다 내려갔다 하는 것 같은데, 사실은 땅은 가만히 있고 자기 몸만 올라갔다 내려갔다 하는 것이다. 이런 식으로 자기가 관찰하는 경제 상황이라는 것에는 자신의 상태가 투영되어 있다.

사람은 바이오리듬이 올라갔다 내려갔다 하면서 성장해 간다. 바이오리듬의 변동이 없는 사람은 죽은 사람뿐이다. 바이오리듬이 올라갔을 때가 꼭 좋은 것은 아니고, 마찬가지로 바이오리듬이 내려갔다고 나쁜 것도 아니다. 단련된 심신으로 의연히 경제의 흐름을 지켜보고 있으면, 경제도 살아 있기 때문에 바이오리듬이 있다는 것, 즉 춤을 춘다는 것을 알게 될 것이다. 그리고 호경기가 꼭 좋은 것은 아니고, 불경기가 꼭 나쁜 것만은 아니라는 것도 알 수 있게 된다. 인간이 그렇게 의미 규정을 한 것뿐이다. 다만, 그 흐름 속에는 발전의 기회도 함께 존재한다는 사실을 관찰할 수 있으면 된다.

셋째, 인적 네트워크를 형성하라. 직업적 이익을 지키려는 이익단체보다 서로 정보를 공유하고 미래를 대비하며 또한 함께 즐길 수 있는 소규모 모임이 더욱 절실히 필요하다. 여기서 여러 사람의 지혜가 모이면 그것은 더 확실한 진리가 된다. 혼자서 볼 때보다 미래가 더욱 분명하게 보일 것이다. 그리고 물론 미래가 덜 불안하게 느껴질 것이다. 현명함은 모여서 더욱 커졌고, 두려움은 나누어서 더욱 작아

졌기 때문이다.

넷째, 다른 사람을 도와주어라. 여기서는 부자인 경우를 예로 들어 설명해 보겠다. 부자가 부를 유지하는 가장 좋은 방법은 주위 사람을 자기와 같은 부자로 만드는 것이다. 이런 식으로 자기 주위의 배경을 튼튼히 해두면 미래에 대비하는 효과적인 대비책이 될 수 있다. 그뿐만 아니라 주위 사람들에게 부자가 되는 방법을 전수해서 그들도 부자가 되게 하면, 본인은 더 큰 부자가 될 수도 있다. 이런 사람이 불확실한 미래 때문에 잘못되는 경우가 생길 수 있을까. 설령 어려운 일이 있더라도 주위의 사람들이 가만히 있지 않을 것이다. 그리고 그 공덕으로 자손 대에까지 부귀를 누릴 수 있고, 또한 부를 대물림한다고 욕하는 사람도 별로 없을 것이다. 주위 사람들뿐만 아니라 결국은 모두의 지지를 받게 되기 때문이다. 결국, 이렇게 하는 것이 자신과 자식에게 가장 잘하는 행동이 되는 셈이다.

우리나라에도 노블레스 오블리주(noblesse oblige)를 실천한 명문가가 있다. 바로 경주(慶州) 최부자(崔富者) 집안이다. 최부자 집안은 "재산은 만석 이상 지니지 마라. 사방 백 리 안에 굶어 죽는 사람이 없게 하라." 등의 가훈을 실천하여 300여 년간 12대 만석꾼을 유지할 수 있었다. 조선 말 활빈당(活貧黨)이 최부자 집을 공격하려 했을 때도 은혜를 입은 소작농들이 자발적으로 최부자를 보호했었다. 마지막 12대 부자인 최준(崔浚, 1884~1970)은 독립운동과 대학 설립을 위하여 전 재산을 소진했다. 최 부자는 망한 것이 아니라 더 고귀한 목적을 위하여 스스로 부를 희사한 것이다.

그런데 요즘 사람들은 자기 자식만 자신의 연장으로 보는 경우가 많다. 그래서 자식에게 집착해서 돈을 물려주려고 한다. 그러면 고생을 안 해 본 자손들이 가업을 망치게 되고, "부자 3대 못 간다."는 말이 나오게 되는 것이다. 주위 사람을 부자로 만들어 주려는 방법은 얼마든지 있다. 다만 마음이 없는 것이 문제일 뿐이다. 주위 사람을 하나로 묶어 '더 큰 나'로 보면 그것이 가능해진다. 이것이 불확실성에 대한 가장 좋은 보험이다. 최부자 시대에는 주위 사람들을 부자로 만드는 것까지는 하기 어려웠을 것이다. 그러나 지금은 이런 일도 가능하다. 사장이 종업원을 부자로 만들어 주기 위해서 노력한다면 그는 회사 안팎의 지지를 받을 것이다. 그러니 주위에 자신을 닮은 부자들을 많이 만드는 것은 아주 현명한 처사이다.

바다가 고요할 때는 누구나 키를 잡을 수 있다.
— 영국 속담

상황이 어려워 보이고 장래가 불투명해 보일수록 사람의 진면목(眞面目)이 나타난다. 어두울 때 빛이 더 가치가 있듯이, 어려울 때 그 사람의 가치가 분명히 드러난다. 영화 줄거리를 다 알고 영화를 보면 재미가 덜하다. 긴장감도 없다. 인생도 마찬가지로 미래를 잘 모를 때 오히려 더 역동적이고 성취감이 생긴다. 이런 식으로 미지의 영역마저 수용해 버리면 그 미지라는 것이 오히려 그 사람을 도와주는 호재로 작용할 수도 있다. 그는 미래의 두려움과 불확실성을 뛰어넘은 것이다. 결국, 성공도 그 사람의 됨됨이에 대한 정당한 보상일 뿐이다.

□ ■ □ □ □ □ □ □ □

뿌리 깊은
경제를 만들자

———

　우리의 경제 상황을 보면, 조그만 변화 요인만 있어도 금방 주식 시장이 요동치고, 실물경제도 곧 영향을 받게 된다. 한 치 앞도 예측하기 어렵고, 인간적인 정감을 찾아보기도 어렵다. 모든 사회 문화의 토대가 되는 하부구조가 경제인데, 경제가 이렇게 불안정하다는 것은 곧 우리가 서 있는 기반이 자꾸만 흔들리는 것을 의미한다. 그러면 당연히 사회의 다른 분야도 좋지 않은 영향을 받게 된다. 사회를 한 단계 더 발전시키려 할 때도 현실적인 경제 문제 해결 없이는 논하기 어렵다. 경제적 뒷받침이 없는 이상은 탁상공론에 불과하기 때문이다. 그래서 경제 안정을 도모하는 일이 중요한 과제가 된다.

　자세히 보면 우리의 경제는 그 창조주인 인간의 에고를 닮았다. 에고는 항상 대상을 분리·비교하려는 습성이 있다. 그리고 항상 결핍과 두려움을 바탕에 깔고 있다. 이러한 특징이 경제에도 투영되어 에고의 한계가 그대로 경제의 문제로 나타난다. 그래서 전체를 의식하며 서로 협조하기보다는 고립된 단위로서 경쟁하고 남을 이기는 데 온 힘을 기울이는 경우가 많다. 회사 같은 조직도 자발적인 참여를 유도하기보다는 두려움을 통해 통제하는 경우가 많다.

개인도 기업도 파산(破産)이라는 최악의 시나리오를 가장 두려워한다. 상황이 어떠하든지 간에 이 두려움 자체가 문제이다. 그리고 두려움은 바이러스같이 전파되기도 한다. 희망이 없는 상황이란 없고, 마음먹기에 따라서는 걸림돌이 디딤돌이 될 수도 있다. 그런데도 일견 어려워 보이는 상황에 처하기만 하면, 인간들은 바로 과거 동굴 생활 때부터 생긴 방어 모드로 들어가 버린다. 에고의 입장에서는 익숙한 자기 영역 밖의 공간은 두려움의 공간이다. 거기로 들어가는 것을 죽음으로 받아들인다. 그래서 방어적으로 나가게 되고, 책임을 자신이 아닌 외부의 다른 것들에게 전가하게 되는 것이다. 이렇게 점차 두려움이 의식의 전부를 차지해 버리면 문제 해결을 할 수 있는 지혜가 억압되게 되고 결국은 두려움을 현실로 만들어 버리게 된다. 두려움은 자신을 세상과 분리할 때 나오는 기본적인 심리작용이다. 더 큰 전체를 볼 수 있을 때 두려움은 사라지고 협동할 수 있는 여지가 생기게 된다. 결국, 경제상의 여러 가지 우여곡절은 미성숙된 우리의 집단의식이 만들어 낸 셈이다.

백척간두에서 벗어나는 방법은 한 걸음 더 나가는 것이라고 한다. 문제에 봉착했다는 것은 자기의식의 범위 내에서는 답이 없다는 뜻이다. 이때는 자신의 껍데기를 깨지 않으면 해결을 할 수가 없다. 그러니까 자기가 지금까지 할 수 있다고 생각해 온 범위를 벗어나야 한다. 지금까지는 생각할 수 없었던 것을 생각할 수 있어야 하고, 할 수 없던 일을 해야 하는 것이다. 에고에 입각한 경제의 한계를 극복하고, 경제를 한 차원 더 발전시키기 위해서는 또 다른 자아에게로 시선을 돌려야 한다. 말로 하면 간단하지만, 이 문제는 교육이 자아실현의 길로 가는 것만큼이나 어려운 일이었다. 이러한 선택을 했을 때 두려움으로부터 에너지가 해방되고, 근원적인 자신감을 가지고 더욱 활기차게 경제 활동을 영위할 수 있게 된다.

이제는 자신의 내면의식에 잠재해 있는 안정감과 믿음을 바탕으로 경제 활동을 영위해야 할 때가 왔다. 경제 활동을 할 때 불안정한 외부 자아가 아니라 굳건한 내부 자아가 핸들을 잡게 해야 한다. 이는 경제 활동하는 사람이 더 깊은 의식 수준에서 활동한다는 뜻이다. 이렇게 보면 경제 활동도 인격 수양, 자아실현과도 연결될 수 있다. 더 많은 사람들이 이러한 선택을 할 때 먹고사는 방식도 한 단계 도약할 수 있다. 바다의 표면은 바람에 쉽게 영향을 받으나 깊은 바닷속은 바람에 흔들림이 없다. 경제도 이와 같이 요지부동이 되었을 때 그 굳건한 토대 위에서 상부구조의 안정적인 발전을 도모할 수 있다. 우리 경제가 깊이를 더해서 뿌리 깊은 나무와 같이 되면 경제상의 난제들은 점점 자취를 감출 것이다. 이때 이기심에서 벗어나 공공선(公共善)의 관점에서 경제를 운영해 갈 수 있는 여지가 생긴다. 그리고 지금은 신도 예측하기 어렵다는 경제 전망도 하기 쉬워질 것이다. 어쩌면 현실적인 어려움은 애당초 우리의 성장을 위해서 의도된 것인지도 모른다. 그렇다면 우리가 성숙하는 만큼 경제도 한 단계 더 도약할 것이다. 그리고 경제가 더 발전할 때 통일과 민족문화 발전을 소화할 수 있는 여력이 생기게 될 것이다.

3
장

꿈

———

존재의 이유

모든 꿈은
이유가 있다

———

어릴 때는 누구나 여러 가지 꿈이 있었을 것이다. 그러나 나이가 들면서 점점 현실에 속박되어 꿈을 잊어버리고 사는 경우가 많다. 꿈은 작게는 개인의 욕망이지만, 크게 보면 세상의 바람이기도 하다. 사람들이 더 이상 꿈을 꾸지 않는다면 개인 생활이 빛이 바래짐은 물론이고, 전체 사회도 낡고 낡은 패턴만 되풀이하게 될 것이다. 모든 꿈은 이유가 있으니 관심을 가지고 생명체처럼 키워 간다면 그 꿈은 언젠가는 현실로 나타날 수 있다. 특히, 옛날부터 꼭 같은 꿈을 계속 가지고 있었다면, 그것은 그 사람의 사명이라고 볼 수 있다. 그는 그 꿈을 이루기 위해서 이 세상에 온 것이다.

내 꿈이 너무 터무니없고 현실성이 없다고 생각하는 사람들이 있을 수 있다. 마르코니(Guglielmo Marconi, 1874~1937)가 무선전신기를 개발할 때나 라이트 형제가 비행기를 연구할 때도 주위 사람들은 미쳤다고 조롱했었다. 세상을 바꿀 획기적인 아이디어도 터무니없는 꿈의 형태로 나타날 수 있다. 그래서 용기를 가지고 남 눈치 보지 말고 자신의 가슴을 설레게 할 일을 지금 시작해 보자. 소중한 비전인 꿈이 백일몽이 되지 않도록 하기 위해서는 꿈에 생명을 불어넣어야 한다. 그래서 여기서는 꿈에 혼을 불어넣어 현실화하는 원리를 탐구해 보기로 하자.

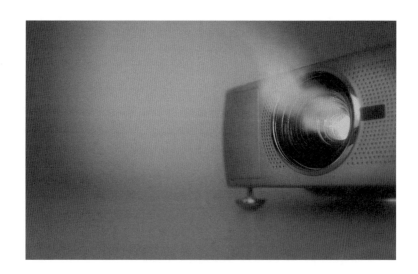

□ □ ■ □ □ □ □ □ □

꿈을 현상하자

꿈을 현실로 실현시키는 원리를 실물화상기로 설명하면 편리할 것 같다. 이때 스크린은 현실이고, 실물화상기 위에 놓는 사진은 꿈이 된다. 그러면 스크린에 사과가 뜨게 하기 위해서는 실물화상기에 어떤 사진을 놓아야 할까? 사과 씨? 사과 농장? 사과 사진? 어느 것일까? 사과 씨의 사진을 놓으면 그냥 사과 씨만 화면에 나온다. 사과 사진을 놓아야 사과가 스크린에 나타난다. 이는 결국 꿈이나 비전은 완성된 형태로 의식 속에 존재해야 한다는 것을 암시한다. 예를 들어, 차를 사고 싶다면 '새 차를 사고 싶다.' '누군가가 차를 사줄 거야.'라고 생각하는 것이 아니라, '나는 새 차를 갖고 있다.'는 식으로 생각을 해야 하고, 실제로 갖고 있는 듯한 느낌을 가져야 한다. 그래서 자신의 참 자아와 이 세상에 자신의 꿈을 기정사실화시켜야 한다. '없는 차를 존재한다고 생각하는 것은 거짓말이 아닌가?' 하고 생각할 수 있다. 차가 없는 데 있는 척한다고 생각하는 것은 분석을 좋아하는 에고의 전형적인 추론 방식이다. 그러나 에고는 자동차를 자신에게 끌고 올 능력이 없다. 통장에 잔고가 없더라도 새로운 차를 구입하고 싶어 하는 소원을 이루는 능력은 참 자아에게 있다. 내면의 참 자아는 에고와 같은 복잡한 생각이라는 절차를 필요로 하지 않는다. 실물화상기가 사진에 대한 호불호(好不好) 없이 올라온 사진을 화면에 비추는 것처럼, 참 자아도 에고의 현 상태를 그냥 현실화해 버린다. 즉, '나는 새 차를 사고 싶다.'고 생각하면 '새 차를 사고 싶어 하는 상태'를 현실로 만들어 준다. 무엇을 원한다는 것은 그것이 부족하다는 것을 선언하는 것이나 마찬가지가 되는 셈이다. 그러므로 이러한 생각으로는 원하는 것은 얻지 못하고, 원하지 않는 상황만 발생시키게 된다. 그러니까 주문을 정확히 해야 한다. 새 차의 핸들이 바로 자신의 눈앞에 있다고 상상해야 하고, 그래야 그 상태 그대로 현실에서 이루어진다. 마치 실물화상기에 사과 사진을 올려야 사과가 스크린에 투영되는 것처럼 의식 속에 등가물(等價物)이 있어야 그것이 현실에서 이루어지는 것이다. 먼저 의식 속에서 이루어져야 그것이 현실에서도 이루어진다는 말이다.

이 과정에서 창조의 내용을 디자인하는 것은 생각이고, 이것을 이루는 에너지는 감성이다. 생각이 중요하다는 것을 아는 사람은 많으나 원하는 것을 이루는 데 있어서의 감성의 역할은 모르는 사람이 많다. 감성을 있으나 마나 한 장식품으로 취급하는데 절대 그렇지 않다. 실물화상기에서는 빛이 작용하여 사진을 스크린에 나타나게 비춰준다. 감성도 빛과 같이 꿈에 생명을 불어넣어 현실화해 주는 역할을 한다. 그래서 생각처럼 감성도 선택을 잘할 필요가 있다. 외부의 자아가 나쁜 기분을 선택하면, 내부 자아는 기분 나쁠 만한 일을 자꾸 만들어 준다. 왜냐하면, 내부 자아는 외부 자아가 기분 나빠하면 기분 나쁜 상태를 원하는 것으로 받아들이기 때문이다. 반면에 좋은 기분을 선택하면 기분 좋은 일을 계속 만들어 준다. 그래서 새 차를 갖고 싶으면 새 차를 가지고 있다고 생각을 해야 하고, 새 차를 가진 것 같은 느낌을 가져야 한다. 즉, 즐거워하고 감사해야 한다.

중요한 것은 꿈을 이루기 위해서는 긍정적인 생각에 좋은 기분을 결합해야 한다는 것이다. 대개 긍정적인 생각을 하면 좋은 기분이 따라오고, 부정적인 생각을 하면 나쁜 기분이 따라온다. 이 사실은 주위를 잘 관찰해 보면 알 수 있는데, 긍정적인 사람은 대개 표정이 밝다. 좋은 기분을 느끼기 때문이다. 반면에 항상 안 되는 쪽으로 생각하는 사람은 표정까지 어둡다. 그러나 좋은 생각을 하면서 나쁜 기분을 가지는 경우도 있다. 단적인 예가 기도를 할 때 나타나는 경우가 있다. 기도를 할 때 무엇이 안 되게 해달라고 비는 사람은 아마도 없을 것이다. 그러나 너무 절박하게 기도를 하면 기도의 내용과 감성이 불일치하게 된다. 기도의 메시지 자체는 긍정적이더라도 쫓기는 마음, 두려운 마음으로 하면 생각과 감정이 서로 모순되게 된다. 이때 '감성의 힘'이 '생각의 힘'보다 크므로 원하지 않는 결과를 초래할 수 있다. 기도를 할 때는 긍정적인 메시지와 함께 이미 기도가 이루어진 듯한 느낌을 함께 가져야 하는 이유가 바로 여기에 있다. 기도가 이미 이루어졌을 때 인간이 가지는 감성은 감사이다. 그러니까 미리 즐거워하면서 감사하는 기도가 되어야 옳은 기도가 되는 것이다.

인간은 정신적 부분과 육체적 부분이 공존한다. 그러므로 꿈을 이루는 과정에서 건강한 몸이 뒷받침해야 한다는 것도 무시할 수 없는 사실이다. 결론은 원하는 것이 이루어졌을 때의 심신의 상태가 미리 되어 있어야 한다는 것이다. 그 멋지고 강렬한 기운이 강력하게 성공을 유도한다. 이렇게 되었을 때 그 성공은 진정 자신의 작품이 되는 것이다. 자신이 창조한 것이 된다. 이것이 창조의 핵심이다.

의도적인 창조를
생활화하자

───

인간의 사고와 감정은 끊임없이 무언가를 만들어 낸다. 이때 사고와 감정이 일관성을 갖지 못하면 창조도 뒤죽박죽으로 일어난다. 그래서 항상 자신의 사고와 감정을 관찰하여 자신에게 도움이 되는 쪽으로 생각과 감정을 의도적으로 가질 수 있도록 노력을 해야 한다. 그리고 이 생각과 감정의 조합을 원하는 일이 일어날 때까지 견지해야 한다. 자기가 실천할 자신이 있는 꿈을 꾸고, 이 꿈을 충분히 고수할 수만 있다면 꿈은 이루어진다. 돋보기로 불을 붙이는 것에 비유하면, 종이에 불이 붙을 때까지 초점을 맞춰 돋보기를 들고 있으면 되는 것이다. 이것을 실천하는 능력이 그 사람의 근기(根機)이다. 콩 심은 데 콩 나고 팥 심은 데 팥 나게 되어 있다.

일상생활 중에서 기분이 좋을 때 반가운 소식이 오고, 기분이 나쁠 때 물건이 깨지거나 사고가 나는 것을 경험해 본 사람이 많을 것이다. 언뜻 보면 까마귀 날자 배 떨어지듯이 우연인 것 같지만 알고 보면 까마귀가 날기 시작한 것 때문에 배가 떨어지게 된 것이다. 일상생활에서도 우리가 모르는 가운데 창조의 원리가 작동되고 있는 것이다. 그래서 이제는 주체적 의지에 의하여 이 힘을 사용해야 한다. 단지 원하는 물건을 얻는 데 그치지 않고, 어떤 형태의 소원이든 같은 원리를 적용하면 종전보다 쉽게 이룰 수 있다. 같은 운동을 하더라도 힘을 덜 들이고 필요한 동작만 하는 사람이 고수이듯이, 무엇을 이룰 때도 최소한의 노력으로 이루어 내는 사람이 지혜로운 사람이다.

단체생활에서도 창조의 원리를 활용할 수 있다. 이때의 핵심은 역시 감성을 활용하는 것이다. 의도적으로 함께 즐김으로써 같은 감성 모드로 들어갈 수 있다. 이렇게 감성을 공유하면 에너지가 증폭된다. 또 하나의 비밀은 감성을 공유할 때 비전도 공유하기 쉬워진다는 사실이다. 논리적인 설명으로는 안 되던 일이 감성을 통해 쉽게 풀릴 수 있다. 왜냐하면, 함께 즐긴다는 것은 하나가 되는 것이기 때문이다. 직장에서 같이 즐기는 것이 중요한 이유가 바로 여기에 있다. 함께 즐거운 것을 하면서 비전을 공유하면, 그 비전이 훨씬 빨리 성취되기 때문이다. 가정도 마찬가지이다. '가화만사성(家和萬事成)'이라는 말도 이 원리를 암시하는 것이다.

원하는 것을 상상하고 그래서 기분이 좋아지고 나아가서 그것이 실제로 존재하는 것과 똑같은 느낌이 든 경험이 있을 것이다. 이때는 어느 차원에서 그 일이 실재하고 있는 것이다. 은행계좌에 전기 신호의 형태로 존재하면서 쓰일 날을 기다리는 돈과 같이 그 소원도 현실에 나타나기 위해 대기하고 있다. 그러니 믿음을 가지고 기다리면 좋은 일이 현실에서 일어나는 것이다. 단, 꿈을 상쇄(相殺)시키는 행위를 하지 말아야 한다. 일관성 없는 행동을 하면 다른 차원에서 만들어져 대기하던 그 꿈이 사라져 버리게 된다. 애석하게도 일이 잘되어 가기 직전에 포기하는 경우가 너무나 많다. 다 된 밥에 재가 빠지는 것이나 마찬가지이다. 그래서 성공하는 사람은 다른 사람이 실패한 지점에서 성공을 거두기 시작한다. 모든 일에는 끈기가 있어야 하는 법이다.

나는 목표도 긍정적이고 명확하며 그것이 이루어진 느낌도 가질 수 있는데 왜 내 꿈은 빨리 이루어지지 않느냐고 조급해하는 사람들이 있다. 그러나 첫술에 배부를 수는 없는 법이다. 잠시 생각하는 것만으로 그것이 현실화되면 우리 세계는 별 희한한 것들로 가득할 것이다. 이상한 것들이 나타났다 사라졌다 하면서 모든 것이 엉망진창이 될 것이다. 그래서 어느 정도 수준이 되어야 현실화할 수 있도록 안전장치가 되어 있다. 모든 분야는 조금씩 배우며 성장해서 대가가 되어 간다. 또 꿈이 금방 이루어지지 않는 이유는 간단히 말하면, 여기가 천국이 아니기 때문이다. 생각만 하면 즉각 이루어지는 영적인 세계가 아니라, 훨씬 밀도가 높은 물질세계이기 때문이다. 이 세상에서 한 사람의 소원을 이루어 주기 위해서 세상 전체가 움직여야 한다. 많은 사람들과 사건들이 재편성되어야 하는 것이다. 참 자아는 가장 좋은 시간 좋은 장소에서 내밀한 꿈을 공개적인 상황에서 이루어 줄 방법을 찾고 있다. 오직 자신과 비전을 믿고 기다리라. 그리고 현재 자신이 해야 할 일을 하면서 즐겁게 살면 된다.

이러한 창조의 원리는 특별한 경우 외에는 부작용이 없다. 오히려 새로운 일을 시작할 때의 고통과 불안을 없애 준다. 그리고 "최소한의 노력으로 최대한의 효과를 얻는다."라는 경제 원리에도 충실하다. 자신이 원하는 일이 이미 일어난 것과 같은 느낌으로 살면 최소한 마음의 평화는 이룰 수 있다. 그리고 다른 사람들도 그 여유와 자신감을 느낄 것이다. 사업 파트너를 물색하는 사람도 이런 사람과 함께 일하고 싶어 하는 것은 당연지사이다. 그러니 눈에 보이는 세상과 눈에 보이지 않는 세상의 지지를 함께 받게 되는 셈이다. 즉, 사람과 하늘을 함께 움직이게 된다. 그러므로 이 원리를 일상의 현실에 적용하면 손해 볼 일은 없다. 무슨 직업에 종사하든지 자신의 일상적인 일을 하면서 위의 원리를 활용하면 승률이 대폭 상승할 것이다. 이러한 내용이 생소한 사람은 묵혀둔 밭처럼 마음이라는 강력한 도구를 사용하지 않고 내버려 두고 있는 것이나 마찬가지이다.

인간으로 물질계에 존재하고 있는 것만으로도 큰 짐을 지는 것이고, 큰 기여를 하는 것이다. 우주의 진화와 각성에 기여할 수도 있고, 다양성과 역동성에도 기여할 수 있다. 그러므로 필요한 것이 있으면 당연히 요구할 권리가 있다. 이런 맥락에서 당당하고 자연스럽게 위의 원리를 활용하면 될 것이다. 이것은 무슨 대단한 것이 아니라 아기가 부모에게 장난감을 요구하는 것과 일맥상통하는 면이 있다. 아기가 장난감을 사달라고 조르면 천하장사인 아버지도 못 버틴다. 또한, 이 방법은 현상계의 근원이 되는 세계에 들어가서 원하는 것을 주문하는 방법이다. 또한 운(運)을 직접 통제하는 방법이기도 하다. 그리고 성공학 중에서 최고의 방법이다. 그러나 여기서도 유의할 사항이 있다. 성공의 추구나 꿈의 실현 과정에서 자아실현을 반드시 병행해야 한다는 것이다. 성공학에서 이 부분을 빠뜨리는 경우가 많다. 튼튼한 몸과 바른 마음의 바탕이 없는 상태에서 요령만 부리면 이 원리가 잘 실현되지도 않을뿐더러 잘못된 경로로 빠질 수도 있게 된다. 한번 잘못된 길로 들어가면 나오는 것이 무척 힘들다. 그래서 맨 처음 1장에 '나'에 대한 내용을 설명했던 것이다. 항상 전체를 위하는 마음을 가지는 것도 이러한 문제를 피할 수 있는 좋은 방법이 된다. 그리고 바른 몸과 마음이 있어야 성공의 결실을 자신이 누릴 수 있다. 아니면 그것이 다른 사람에게 돌아가 버릴 수도 있다.

꿈도 이루어지고,
걱정도 이루어진다

———

할 수 있다고 생각하든 할 수 없다고 생각하든
둘 다 옳다.

— 헨리 포드(Henry Ford, 1863~1947)

할 수 있다고 믿는 사람은 믿음의 대가로 믿는 것을 보게 되고, 할
수 없다고 믿는 사람 역시 자신의 믿음의 대가로 실패하는 것을 보
게 된다. 예를 들면, 전투 중의 보병이 후방의 포병한테 지원 사격을
요청할 때 포병은 보병이 부르는 좌표대로 사격을 해준다. 이때 포격
을 잘 유도하면 적군한테 포탄이 떨어지게 해서 전투를 승리로 이끌
수 있고, 잘못하면 자신의 머리 위에 포탄이 떨어지게 할 수도 있다.
결과는 무전을 보내는 보병한테 달려 있는 것이다. 포탄이 잘못 떨어
졌을 때 후방의 포병을 욕해도 아무런 소용이 없다. 인간의 생각과

우주의 지혜는 다른 것이다. 우주는 인간과 같은 선악 판단을 하지 않는다. 착한 사람한테만 햇빛을 비춰주고, 나쁜 사람의 머리 위를 컴컴하게 하지는 않는다는 것이다. 또한, 나쁜 사람이 절벽에서 떨어지면 다치고, 착한 사람이 떨어지면 무사한 것도 아니다. 이 세상은, 이 우주는 인간의 꿈을 선별하지 않는다. 다만, 인간의 선택을 존중해서 선택한 것을 체험할 수 있도록 도와줄 뿐이다. 그러니까 인간이 옳은 선택을 해야 하는 것이다.

걱정을 습관적으로 하는 사람들이 많아지고 있다. 그래서 의식적으로 노력하지 않으면 몸도 마음도 처지는 것이다. 그러면 자동으로 걱정 모드로 빠지게 된다. 현대 생활은 전통사회와 달리 너무나 복잡하기 때문에 걱정이라는 질병에 노출될 가능성도 크다. 불행히 걱정도 자꾸 하면 그것이 그의 소원이 되고, 기도가 되어서, 결국은 현실로 나타나게 된다. 결국, 걱정할 일은 더 늘어나게 되는 셈이다. 물론 가끔 걱정하는 정도야 상관없지만, 그 회수가 임계점을 넘어서면 문제가 생기고, 그때는 되돌릴 수 없다. 인간은 자유의지가 있어 사고와 감정을 선택함으로써 어떤 일을 만들어 낼 수 있다. 물론 그 결과에 대한 책임도 자신이 져야 한다. 그러므로 인간으로 태어난 이상 자신의 사고와 감정을 조절하려는 최소한의 노력은 해야 한다. 이때 이왕이면 자신의 행복을 증진시키는 방향으로 가야 함은 물론이다.

포 사격을 잘못 유도해서 아군의 진지에 포탄이 떨어지면 어떻게 해야 할까? 다시 무전기를 들고 좌표 수정을 하면 된다. 마찬가지로 인생에서도 뭔가 원하지 않는 일이 일어나면 궤도 수정을 할 수 있다. 타성에 젖어 무기력하게 가만히 있는 것은 자기 머리 위에 포탄이 떨어지는데도 연락을 다시 하는 수고조차도 하지 않으려는 것과 같다.

신용등급을 올리자

———

　다른 약속은 소홀히 하더라도 필요한 약속만 잘 지키면 된다고 머리를 쓰는 사람들이 있다. 이것은 건물을 지을 때 1층은 빼고 2층부터 지으려는 경우와 같이 어리석은 행동이다. 작은 약속을 지켜서 내공이 쌓여야 큰 약속을 지키는 힘이 생기는 법이다. 이것을 무시하고 자기 욕심만 챙기려 한다면 그것이 이루어질 리가 없는 것이다. 자기 입으로 한 말을 잘 지키지 않는 사람은 약속 내용에 관심이 없거나, 아니면 자기가 상대방보다 우월하다고 생각한다. 두 가지 경우 모두 타인에게 신뢰를 주지 못한다. 다행히 우주의 법칙은 안정되어 있기 때문에 인간이 마음을 놓고 살 수 있다. 오늘 돼지가 땅을 걸어 다니다가, 내일은 구름 위를 날아다니게 되지는 않는다. 그러므로 인간도 우주를 닮아 성실하고 일관된 태도를 보여야 한다. 그래야 서로 믿고 살 수 있다. 이 믿음을 팽개치고 좇아야 할 또 다른 가치는 없다. 그러므로 계약서보다도 구두 약속이 더 확실하다는 믿음을 줄 수 있는 사람은 다른 사람은 물론 세상도 감동시킬 수 있다. 이때 다른 사람들은 그리고 이 세상은, 이 신용 있는 사람을 배신할 수 없을 것이다. 그리고 신용이 있는 사람이라면 자기가 타인으로부터 받은 은혜가 있을 때는 뼈에 새겨 기억을 했다가 반드시 갚으려고 할 것이다.

신용에 관하여 앞서 나온 마지막 최 부자인 최준과 백산상회(白山商會)를 설립한 안희제(安熙濟, 1885~1943) 사이의 아름다운 일화가 있다. 최준은 막대한 돈을 독립자금으로 여러 차례 상해 임시정부에 보냈다. 이때 연락책이 안희제였다. 최준은 안희제에게 자금을 맡기면서 정확히 전달될지 의구심을 가진 적이 있었다고 한다. 해방 후에 최준은 김구를 만나게 된다. 이때 김구는 장부를 하나 내밀었다. 독립운동자금 내역이 적힌 장부였다. 최준이 준 돈이 한 푼도 빠짐없이 거기에 적혀 있었다. 그 돈에서 여비 정도는 사용하더라도 크게 상식에 어긋나는 일은 아닐 것이다. 그러나 안희제는 그런 경비도 모두 자신의 돈으로 충당했던 것 같다. 아니면 식사를 거르면서 다녔는지도 모른다. 광복 후에 장부를 확인한다는 것은 누구도 생각지 못했을 것이다. 그런데도 안희제는 자신을 믿고 돈을 맡긴 동지의 신의를 배신하지 않았다. 이 사실을 안 최준은 이미 고인이 된 안희제의 산소를 향하여 큰절을 하며 통곡했다고 한다.

요즈음은 국가도 신용이 중요한 시대가 되었다. 그래서 각국이 신용등급을 올리려고 안간힘을 쓴다. 세상은 점점 더 밝아져서 이제는 대충 눈가림으로 넘기는 것이 통하지 않는다. 그야말로 진실이 제일 강한 무기가 되어 가는 시대이다. 그래서 근시안적인 이익보다는 장기적인 안목에서의 믿음을 더 중시할 필요가 있다. 비전이라는 것도 결국은 자신과의 약속이다. 남과의 약속을 지키지 못하는 사람은 자신과의 약속도 지킬 수 없다. 머릿속에서 무슨 생각을 하는지는 확인하기 어렵다. 그러나 말과 행동의 일치 여부는 객관적으로 확인할 수 있다. 밖으로 드러난 말과 행동을 보면 서로의 신뢰도를 알 수 있다는 것이다. 그래서 이제는 개인도 신용등급이 중요하다. 결국, 성공하려는 사람은 합당한 자질을 갖추어야 한다. 성공은 바로 그런 사람에게 돌아가는 상이다.

전체와 조화를
이루는 꿈을 가지자

———

　연극배우가 무대 없이 공중에서 혼자 연기를 할 수는 없다. 마찬가지로 우리에게는 세상이라는 무대가 있는데 이것을 떠나서 혼자 무슨 일을 벌일 수 있는 것은 아니다. 그러므로 세상에 살면서 세상과 조화를 이루지 못하는 자신만을 위한 꿈은 문제가 될 수 있다. 최근 공직사회의 비리나 사기업의 부정행위도 이런 허황된 욕망 때문에 발생하는 것이다. 꿈을 꾸는 올바른 순서는 이 세상을 더 좋은 곳으로 만들기 위한 큰 그림을 그리고, 그 그림 속에 자신도 그려 넣는 것이다. 그래야 무대에 발붙이고 서서 연기하는 배우가 될 수 있다. 이때 여러 명이 모여서 같은 꿈을 꾸면 전체와 조화를 이루기가 더 쉽다. 그리고 그 꿈은 더 촉진된다. 반면에 거대한 역사의 강물을 혼자 거슬러 가려고 하면 곤란한 입장에 처할 수도 있다.

진인사 후에
대천명하자

———

　자신의 의도를 명확히 하고 분명한 메시지를 보냈다 하더라도 자신이 할 수 있는 일은 해야 한다. 물론 직장에도 다녀야 하고 일상적인 일도 처리해야 한다. 다만, 이때 하는 일은 전과 같은 고생은 아닐 것이다. 흐름에 따라 살면서 그때그때 할 수 있는 일을 하면 된다. 그러나 꿈이 잘 진행되고 있는지 확인하려고는 하지 마라. 확인하려는 의도 자체에 의심이 내포되어 있어서 의심하는 것이 현실로 나타날 수가 있기 때문이다. 씨앗을 뿌린 후에는 그것이 잘 자라리라는 믿음을 가지고 기다리면 된다. 그런데 의심해서 땅을 파보면 움트고 있던 새싹이 죽어 버리고 만다. 그러므로 마지막에는 꿈을 놓아버려야 한다. 꼭 성공하겠다는 집착마저 버려야 하는 것이다. 즉, "원하는 그것 없이도 즐겁게 살 수 있고 내 인생은 의미가 있다."는 담담한 태도가 필요하다. 이것은 포기한 상태와는 차원이 다르다. 일을 이루는

데 필요한 에너지 수준을 넘어서는 상태가 되는 것이다. 이때 자신이 꿈을 좇는 것이 아니라 꿈이 자신을 향해 달려오게 된다.

꿈에 그리던 일을 지금 시작하라. 시작은 인간적인 자아가 해야 되는 일이다. 누구도 어떤 존재도 대신해 줄 수가 없다. 꼭 하고 싶은 일이 있는데 가족 때문에 못하겠다는 사람들이 많다. 그 사람은 혼자 살게 되면 이번에는 혼자이기 때문에 외로워서 못 한다고 할 것이다. 직장 때문에 못 한다는 사람은 직장을 그만두면 이제는 무직이기 때문에 소득원이 없어서 못 한다고 하게 될 것이다. 애당초 가족과 직장은 핑계였던 것이다. 자신의 현실은 자신이 만든 것인데 여건이 바뀌면 하겠다는 것은 영원히 하지 않겠다는 것이나 마찬가지이다. 자신이 바뀔 때 환경이 바뀔 수 있다. 꿈에 그리던 일을 지금 시작하라. 이것이 자신의 의도를 명확히 하는 것이다. 이것이 인간으로서 할 일을 하는 것이다. 이로써 실물화상기에 원하는 사진을 올리는 셈이 된다. 외부 자아로서 할 수 있는 일을 다 했을 때 바통은 내부 자아에게 넘어간다. 성공의 시간과 상황을 정하는 것은 내부 자아의 몫이다. 그러니까 최종적인 화룡점정(畵龍點睛)은 참 자아가 하게 된다. 요약하면, 진인사(盡人事) 후(後)에 대천명(待天命)하면 된다는 것이다. 어느 예감이 좋은 날 출근을 하면 사무실의 분위기가 전과는 달라져 있는 것을 느낄 수 있을 것이다. 들뜬 분위기의 동료들이 모여서 당신이 오기를 기다리고 있을 것이다. 그토록 꿈에 그리던 순간이 온 것이다.

꿈은 이루어진다.

그렇지 않다면

왜 세상이 나로 하여금

꿈을 꾸게 만들었을까?

— 존 업다이크(John Updike, 1932~2009)

4
장

디자인

창조의 설계도

□ □ □ □ ■ □ □ □ □

안과 밖이
다르지 않다

———

새로운 것을 만들 때 그 내용을 설계하는 것이 디자인이다. 그래서 시작은 항상 디자인으로 이루어지며, 새로운 발명도 한 장의 그림으로 시작되는 것이다. 디자인은 의외로 그 범위가 방대하고 삶의 질에도 큰 영향을 미친다. 그리고 전반적인 디자인 수준이 대개 그 나라의 수준이 된다. 운동을 잘하는 사람은 운동복 입은 모양만 봐도 대개 알 수 있다. 차림새에도 그 사람의 내공이 나타나는 것이다. 우리는 흔히 "뚝배기보다는 장맛이 좋다."는 식으로 생각해서 삶의 디자인적 요소를 무시하는 경향이 있다. 절대 빈곤에 허덕이던 전통사회에서는 음식의 양이 중요하지 그것을 담는 그릇에 신경을 쓰는 것이 사치였을 수 있다. 그러나 이제는 시대가 바뀌었다. 외형적인 요소나 멋을 무시하면 경쟁력이 떨어져서 결국 손해를 볼 수도 있다. 그 사람이 살고 있는 모습이나 만든 물건이 조악하다는 것은 바로 그 사람의 내면이 황폐하다는 것을 의미한다. 자신의 수준을 밖으로 드러내 보인 것이다. 이제는 디자인 요소에 대해서도 인식 전환이 필요한 시점이 되었다.

유럽은 어디에 카메라를 갖다 대고 찍어도 한 장의 그림엽서가 된다고 한다. 한국도 어디를 보아도 한 폭의 동양화 같다. 단, 건물만 빼면 그렇다. 우리의 도시 미관을 떨어뜨리는 대표적인 요소가 건물인데, 특히 상가 간판이 큰 몫을 한다. 건물과 조화를 이루지 못하는 거대한 간판이 도시 이미지를 추락시키는 일등공신이다. 관광도시도 예외가 아니고, 예술 관련 업소도 사정은 마찬가지이다. 그 거창한 간판이 우리 사회의 현주소나 다름이 없다. 일견 그럴듯해 보이지만 내실이 부족하고 가다듬어지지 못한 우리의 현실 말이다. 우리는 문화재를 복원할 때도 다른 곳은 잘하지만, 바닥은 작업하기 쉬운 시멘트로 처리해 버리는 경우가 많다. 건물도 눈에 보이는 곳은 잘 짓지만, 뒤쪽으로 가면 건물과 어울리지 않는 허술한 부분이 있는 경우가 흔하다. 또 버스 정류장이나 나무 밑 같은 곳에 낡은 소파를 꺼내 놓거나 학교에서 쓰는 의자를 내놓는 경우가 있다. 이런 것은 자신의 편리함만 추구할 뿐 남의 이목은 의식하지 않는 행동이다. 이러한 부분들은 그것만으로 끝나는 게 아니라 다른 활동 분야, 즉 안보나 안전, 제품 생산과도 연결이 된다. 시각적인 부분에서 어설픈 만큼 생명과 관련된 부분인 안전이나 안보문제 그리고 먹고사는 것과 관련되는 공산품 생산에도 취약성이 드러나는 것이다.

강대국의 건물을 보면 허술해 보이지가 않고, 오히려 그들의 힘과 위엄이 건물에도 나타나 있다. 선진국은 자신들의 품격과 자부심이 건축물에 그대로 녹아들어가 있다. 모든 것의 시작은 디자인이고 고치는 것도 디자인으로 시작한다. 의식 수준이 높아지면 외부의 물질은 신경 쓰지 않아야 한다고 생각을 하는 사람들이 있다. 결국은 정신과 물질이 다르지 않고, 안과 밖이 하나인데, 자신의 수준이 높으면 그것을 물질세계에도 나타내는 것이 이치에 맞는다고 본다. 이것이 정신과 물질의 조화일 테니까 말이다.

건물은 공공성이 있으므로 내가 편한 대로만 하는 것보다 보는 사람들도 배려하고 전체 도시 경관도 신경 써주는 것이 예의가 아닌가 싶다. 또한, 가게의 간판은 일종의 명함이며 초대장이다. 그래서 작지만, 품격 있고 개성 있게 자신을 표현하는 것이 바람직하다. 디자인은 여러 가지 가능성 중에서 자신이 원하는 것을 정하는 것이다. 디자인은 결국 선택의 문제이다. 선택할 수 있다는 것은 인간만의 자유, 즉 자유의지가 있기 때문에 가능하다. 그래서 이 선물을 감사하고 잘 활용하는 것이 인간의 도리가 아닌가 한다.

디자인은 시각적 요소가 대부분이지만, 더 넓게 보면 눈에 보이지 않는 것도 디자인 개념에 포함할 수 있다. 이때는 물론 또 다른 감각이 필요하겠으나 창조의 방향을 정하고 멋을 추구한다는 점에서는 같은 맥락이라고 볼 수 있다. 그래서 사회제도도 새롭게 디자인할 수 있고, 심지어 음식도 디자인할 수 있다. 음식의 맛도 섬세하게 새로운 것으로 디자인할 수 있다. 물론 음식의 시각적 요소도 무시할 수 없다. 보기 좋은 떡이 먹기에도 좋으니까. 나아가서 자신도 스스로가 원하는 쪽으로 디자인할 수 있다. 몸은 물론이고 습관이나 품성도 더 멋지게 디자인할 수 있다. 피조물인 인간이 스스로를 디자인할 수 있다는 것은 굉장한 일이다. 그림 속에 있다가 그림 밖으로 나가는 것이라고 볼 수도 있다.

또한, 에너지도 디자인할 수 있다. 자신이 가진 에너지를 어떻게 쓸지도 정할 수 있는 것이다. 그리고 가장 소중한 디자인은 꿈의 디자인이다. 그러고 보면 인생 자체도 디자인하고 새롭게 창조할 수 있게 된다. 바꿀 수 있다는 이야기이다. 이런 과정들에서 이왕이면 다홍치마로 나가야 한다.

디자인이 미래의
먹거리다

———

문화관광의 시대에 디자인은 더욱 중요성이 커진다. 특히, 관광에서는 시각적인 요소가 절대적이다. 관광(觀光)이라는 말 자체가 빛을 본다는 뜻이 있으니까 말이다. 관광 대국들을 보면 디자인 요소의 중요성을 실감할 수 있다. 도시를 아름답게 하기 위해서는 먼저 거기에 사는 사람들이 멋이 있고, 생활이 충만해야 한다. 그게 자연스럽게 경관으로 표출되고, 그것이 매력이 되어서 전 세계 사람들을 유혹하게 된다. 이런 장소들은 굳이 광고하지 않더라도 사람들이 알아서 찾아온다. 그래서 내면이 아름답고 풍요로운 대가로 현실생활 자체도 풍요롭게 할 수 있는 것이다.

디자인하면 또 연결되는 것이 있으니 바로 '감성'이다. 그러고 보면 감성은 약방의 감초 같은 역할을 한다. 감성이 없으면 인간은 로봇이나 큰 차이가 없게 된다. 로봇이 무슨 즐거움이 있을 것인가. 그래서 예술 문화 활동에 필요한 감각을 갖게 하기 위해서 감성교육을 할 필요가 있다. 주입식 교육으로는 내면의 품위와 감각을 유도해 낼 수 없다. 우스울 때 웃고 슬플 때 슬퍼할 줄 알고, 남의 기분을 배려하고, 어른 보면 반갑게 인사할 줄 아는 애들이 감성지수가 높다. 이런 애들이 자기 인생을 아름답게 관리할 줄 알고, 물건을 만들 때도 자신을 닮은 아름다운 것을 만들게 된다. 미래에는 이러한 학생이 더 많이 필요하다. 지식만 잔뜩 암기하고 있는 학생보다 돈도 잘 벌고 잘사는 시대가 올 것이다. 디자인이 먹거리가 되는 시대가 온 것이다.

□ □ □ □ ■ □ □ □ □

밖을 고쳐 안을
변화시킨다

———

디자인과 의식도 쌍방향으로 소통될 수 있다. 의식이 바뀌면 디자인하는 수준이 높아진다. 반면에 외부의 디자인을 고치면, 거꾸로 의식이 영향을 받을 수도 있다. 집 안의 잡동사니를 치워서 정돈을 하면 사고를 집중하는 데 도움을 받을 수 있는 것과 같다. 그래서 동화 같은 아름다운 환경을 조성하면 아이들의 창의성, 자부심, 예술적 감각이 길러지기 쉽다.

디자인의 핵심은 건물 디자인으로 볼 수 있다. 건물은 내부적으로는 그 안에 들어올 것들에 영향을 미치고, 또 전체적으로는 시가지의 구성 요소가 되기 때문이다. 미래의 한국은 동·서양 건축물이 조화 속에 공존하며 유럽을 능가하는 미관과 멋을 가지도록 해야 할 것이다. 그리고 우리가 일류국가가 되었을 때는 반드시 외관도 거기에 비례해서 발전해 있을 것이다. 우리 도시나 마을은 아름다움과 품격을 동시에 갖추고 있을 것이다. 한국인은 감성이 풍부하고 손재주가 좋아서 마음만 먹으면 도시 외관에서도 혁명적인 변화를 가져올 수 있다. 그래서 세계인이 부러워하는 도시를 만들어 낼 수도 있다.

앞으로 한국 도시에서는 중심이 되는 주요 건물, 예를 들면 관공서 문화회관 등은 한옥으로 지으면 좋을 것 같다. 한옥은 문화적 자부심을 길러 줄 수 있고, 한국적인 특징이 될 수도 있다. 그리고 기운을 안정시키고 에너지를 결집하는 역할을 할 수도 있다. 한옥의 포인트는 기와인데 집을 지을 때 기와를 튼튼하고 무거운 것으로 하는 것이 좋을 듯하다.

디자인에서의 혁명도 역시 의식 변화에서 시작된다. 일상생활을 할 때 이제는 새로운 안목으로 우리의 삶을 살펴보아야 한다. 예를 들어, 옷과 집도 결국은 나의 표현이고, 나의 화신이다. 그래서 이런 것부터 관심을 가지고 가꾸어 나가면 전체의 모습도 훨씬 멋있게 될 것이다. 또한, 환경과 관련하여 자유라는 것도 자기 하고 싶은 대로 하는 것은 아닐 것이다. 집 앞에 화분을 내놓는 것은 자유이지만, 못 쓰는 물건 내놓는 것은 자유가 아닌 것이다. 디자인할 수 있다는 것은 인간의 권리이다. 그래서 이 권리를 포기하지 말고 소중히 행사해야 한다.

5
장

감성

영혼의 언어

□ □ □ □ ■ □ □ □ □

감성의 힘

———

　학생들이 연예인에게 그토록 열광하는 이유는 연예인들이 감각과 감성을 자극하기 때문이다. 인터넷에 글을 올린 사람들도 댓글에 목말라하고 구걸하다시피 하는 경우가 있는데 이것도 소통과 공감에 목말라하기 때문이다. 감성은 선험적이고 지식보다 더 호소력이 있다. 인간의 어떤 활동이든지 감성이 빠지면 재미가 없고 생명력이 없어진다.

　감성은 평등하다. 죄인이 느끼는 기쁨과 성자(聖者)가 느끼는 기쁨이 다르지 않다. 그리고 집주인의 감성만 온전하고 세입자의 감성은 제한적이지도 않다. 그리고 감성은 누구에게나 있다. 감성은 또한 구분이 용이하다. 기뻐하는지 슬퍼하는지 누구나 알 수 있다. 그래서 잘못 해석하는 경우가 없다. 그리고 언어가 달라도 소통될 수 있다. 그래서 메신저 역할을 하기에 안성맞춤이다.

감성은 쌍방향으로 작용한다. 내면의 참 자아가 좋은 기분, 나쁜 기분 등으로 에고에게 현재 자신의 상황을 알려준다. 기분이 좋다는 것은 일이 잘되어 가고 있다는 뜻이고, 기분이 나쁘다는 것은 뭔가 문제가 있다는 뜻이다. 역으로 에고가 감성으로 참 자아에게 어떤 주문을 할 수도 있다. 바로 앞장에서 다룬 내용들이다. 이 의사소통이 원활할수록 참 자아와 에고, 즉 내면적 자아와 외면적 자아의 소통 채널이 열려 있는 셈이다. 채널이 넓을수록 인생이 수월해지고 즐거워진다. 이때 감성은 일을 추진하고 소원을 성취시켜주는 연료와 같은 역할을 한다. 감성은 또 생명력과도 관련이 있다. 감성이 제일 풍부한 것은 아기인데, 아기를 보면 울지 않을 때는 거의 웃고 있고, 볼 때마다 반응이 있다. 잠시도 가만히 있지 않고 쉽게 지치지도 않는다. 생명력이 넘쳐 흐르고 있는 것이다. 어른도 감성이 살아나면 생명력이 더 활성화될 수 있다. 기분 좋을 때를 생각해 보라. 밥을 먹지 않아도 배가 부르고 힘이 난다. 그리고 온 세상이 자기 것 같은 느낌이 든다. 자신이 더 강력하고 큰 존재가 되었기 때문이다.

감성이 살아 있으면 스스로도 감동의 순간이 많아지고, 다른 사람을 감동시키는 일도 쉬워진다. 감동에는 사람을 움직이는 힘이 있고, 인생의 비밀이 숨어 있기 때문이다. 서로 감동하고 공감할 때 그렇게 풀리지 않던 일도 쉽게 해결되는 경우가 있다. 우리 사회에서는 술이 이런 역할을 하는 경우가 있는데 술로 인한 공감은 아주 거친 것이고, 부작용 또한 많다. 게다가 사실은 효과도 제한적이다. 정성만 있다면 물질의 힘을 빌리지 않고도 공감이라는 공간에 같이 들어갈 수 있다. 감성을 통한 감동과 공감의 힘은 거의 무한대이다. 눈물 한 방울이 천국행 티켓이라고도 하지 않는가?

전통사회에서는 감성 표현을 자제해 온 면이 있으나, 이제는 오히려 감성을 적극적으로 활용해야 될 시점이 되었다. 감성은 이제 사치품이 아니라 필수품이며 삶의 윤활유이다. 21세기는 문화의 세기라 하는데 이 문화라는 것이 감각과 감성이 있어야 가능해진다. 문화 예술인들을 생각해 보면 왜 그런지 쉽게 알 수 있을 것이다. 그리고 감성은 디자인, 관광, 마케팅, 경영 등 광범위한 분야에서 활용할 수 있음은 물론이다. 또 교육은 감성과 직결된다. 감성을 통해서 숨어 있는 잠재력을 이끌어낼 수도 있다.

감성을 활용하기 위해서는 우리가 감성의 주인이 될 수 있어야 한다. 이 말은 주어진 상황과 관계없이 감정을 선택할 수 있어야 한다는 말이다. 즉, 외부에 안 좋아 보이는 상황이 있다 하더라도 좋은 기분을 가질 수 있어야 한다. 배우들의 연기도 이것과 연관이 있다. 이렇게 감정을 통제할 수 있으면 앞장의 창조 원리를 통해서 상황도 통제할 수 있다. 결국, 감정을 조절할 수 있으면 인생의 주인이 될 수 있는 것이다.

한국인의 감성

———

한국인은 감성의 표현에 있어 장점을 많이 가지고 있다. 감성에 있어서 한국인의 잠재력을 보여 주는 예가 몇 가지 있다. 먼저, 한국어는 다른 언어와 비교할 수 없을 정도로 의성어와 의태어가 발달해 있다. 특히, 색깔을 표현하는 단어는 너무 미묘해서 다른 언어로 번역하는 것이 불가능한 경우도 많다. 또 한국인의 가슴속에는 기본적으로 흥이 들어가 있다. 그래서 전통적으로 가무(歌舞)를 좋아한다. 전통문화 공연에서도 열기가 고조되면 무대와 객석, 배우와 관객의 구분이 없어져 버리고 하나가 되어 즐긴다. 이만한 열정을 속에 간직하고 있는 민족은 우리 말고는 아마도 없을 것이다. 또 좀 안 좋은 예지만, 한국어는 욕이 엄청나게 발전해 있다. 이것은 감성을 그만큼 주체를 하지 못한다는 뜻도 된다. 즉, 그만큼 한국인들은 살아 있고 역동적이다. 이 부분은 외국인들도 인정하는 사실이다.

한국인이 감성이 풍부한 것은 타고난 기질 탓도 있겠으나 경치가 좋고 사계절이 분명해서 다양한 감성적 자산을 축적하기 용이해서이기도 하다. 조상들은 지하자원이 거의 없는 곳에 터를 잡았다. 그러나 감성을 자극해서 엄청난 에너지를 결집할 수 있는 땅을 골랐다. 따라서 인간을 교육하는 데도 더없이 좋은 조건에 터를 잡은 셈이다. 우리 땅에는 부족한 지하자원을 상쇄하고도 남는 그 무엇이 있는 것이다. 여러 가지로 볼 때 조상들이 선견지명이 있는 것 같다. 다만, 우리가 아직 스스로를 파악하지 못해서 우리의 잠재력을 의도적으로 활용해 보지 못했다는 아쉬움이 있을 뿐이다. 관광버스 안에서도 주체하지 못하는 신명(神明), 이 에너지가 언젠가 로켓 연료같이 폭발하여 우리나라를 앞으로 끌고 가는 때가 오기를 기대해 본다.

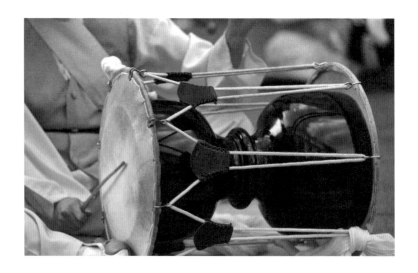

감성의 강화

———

감성을 더 강화하기 위해서는 세련된 감각과 안목을 키워 나가야 한다. 멋지게 자신을 꾸미고, 경치 좋은 데를 가고, 좋은 데서 식사를 하라. 이러한 감각은 활용하면 할수록 더 커지게 된다. 이러한 활동으로 즐겁고 좋은 기운을 많이 쌓아 두면 의도치 않은 가운데 다른 좋은 것들과 연결될 수도 있다. 누구나 성공했을 때는 틀림없이 좋은 기분이 들 것이다. 좋은 기분은 서로 통하고 끌어당길 것이다. 그러므로 좋은 곳에서의 좋은 경험은 성공을 유도할 수도 있다.

同聲相應 同氣相求
같은 소리끼리 서로 화답하고 같은 기운끼리 서로 끌어당긴다.

— 『주역(周易)』

결국, 좋은 장소에서 좋은 사람과 밥 먹고 차 마시는 것이 곧 사업과도 연결될 수도 있다. 그런데 불확실한 가운데서 무턱대고 애만 쓸 때와 비교하면 얼마나 쉽고 재미있는 일인가? 별것 아닌 것으로 생각해 버리기 쉬운 감성이 의외로 삶의 중요한 열쇠가 된다. 결국, 감성은 먹는 문제, 돈 문제에 대해서도 활로를 열어주는 존재가 될 수 있는 것이다. 이렇게 감성을 통하여 성공을 거두면 세련된 안목을 기르기가 더욱 쉬워진다.

그리고 소중한 것들에 관심을 가지고, 좋아하는 것을 습관화하라. 자기 몸에 좀 더 관심을 가지고 좋은 옷을 입히고 관리하라. 돈도 소중히 생각하고 애정을 가지고 대해야 함은 물론이다. 마음에 드는 물건을 사면 가지고 놀고 옆에 두고 자라. 그래서 그 물건의 에너지와 자신의 에너지를 동화시키고, 그 물건을 자신의 분신으로 만들어라. 이 과정에서 감사해야 하는 것은 두말할 필요도 없다. 이런 것은 유치한 행동이 아니라 아주 현명한 그리고 필요한 행동이다. 감성에 관한 한 아기들이 어른보다 훨씬 앞서 있다. 그러므로 아기한테서 배워야 한다. 아기들이 좋아하는 물건을 가졌을 때 어떻게 하는지 지켜보라. 그리고 그 행동을 따라 하라. 아기는 선입관이나 체면이 아닌 세상의 법칙에 따라서, 자연의 순리를 따라서 행동한다. 그러니 그 행동이 진리이다. 그 누가 좋은 것을 주려고 할 때 받으나 마나 한 무표정, 무감동한 사람에게 주고 싶을까? 아니면 어린애처럼 펄쩍 뛰면서 좋아하는 사람에게 주고 싶을까? 그 누군가가 인간이든

이 세상이든 또한 어떤 존재가 되었든, 심리는 마찬가지일 것이다. 그러니 좋은 일이 생기면 좋다고 표현을 하고 감사한 일이 생기면 감사하다는 표현을 아끼지 마라. 그래야 무엇을 준 존재가 더 주고 싶은 마음이 생길 테니까.

우리가 선택한 것을 좋아함으로써 그것에 생명을 불어넣고 강화시키게 된다. 그리고 자신의 감성도 풍부해진다. 또한, 자기가 선택한 것을 좋아하는 것이 자신의 창조에 책임을 지는 일이기도 하다. 그래서 물건을 구입할 때도 옆에 둘 만큼 좋아하는 물건이 아니라면 구입할 필요가 없다. 자신을 표현할 수 있는 마음에 드는 물건을 골라서 소중히 여겨야 한다. 마음에 들지 않는 물건은 쉽게 고장 나거나 잃어버리게 된다. 주인이 없는 집이 쉽게 황폐화되는 것이나 마찬가지 이치이다. 돈도 필요해서 인간이 의식적으로 만들었다. 이 세상에 살기 위해서는 수단으로서 꼭 필요한데도 돈을 좋아하지도 않고 소중히 생각하지도 않으면 돈과의 인연은 점점 멀어진다.

특히, 모든 활동의 가장 기반이 되는 자기 몸을 좋아하지 않으면 큰 문제가 생긴다. 우리가 이렇게 인간으로 살아야 할 이유가 있는지조차 의심스러워지고 만다. 자기 몸을 있는 그대로 인정하고 받아들이는 것이 모든 일의 출발이 된다. 이 기초가 확실하지 않으면 진도를 잘 나가다가도 결국은 기본에 막혀 다시 돌아오게 된다. 시야를 확대해서 이 세상 전체도 있는 그대로 받아들이고 좋아하면, 반대로 세상도 그 사람을 좋아하게 된다. 세상 이치를 통달한 듯한 말을 하면서도 발붙이고 있는 세상을 무시하고, 마치 불이 꺼진 재와 같은 상태로 사는 사람들이 있다. 생명력을 다 소진시켜 버리고 무미하고 건조하게 사는 것이다. 이런 상태에서는 아무것도 자랄 수 없고, 어떤 즐거움도 나올 수가 없다. 그 공허한 좋은 말이 무슨 의미가 있을까? 그러니 어린애들처럼 호기심을 가지고 세상을 즐겁게 사는 것이 훨씬 더 이익이 된다. 감성은 타고나는 부분도 있겠으나, 후천적인 노력으로 획득할 수 있는 부분도 있다. 감성은 삶의 이면에서 중요한 역할을 하고 있다. 그리고 지성보다 오히려 감성이 더 중요한 역할을 하므로 지식만 쌓으려는 노력보다 감성도 함께 기르려는 노력이 필요하다. 감성은 인간의 강력한 비밀무기이고 꿈을 현상해 주는 연금약액(鍊金藥液)이 된다. 이제는 이것을 알고 의식적으로 일상에서 활용해야 할 시점이 되었다.

□ □ □ □ ■ □ □ □ □

감성과 디자인은
좋은 짝이다

———

디자인과 감성은 꿈을 현실화하는 과정에서 꼭 필요한 요소이다. 이때 디자인으로 그림을 그리고, 감성으로 생명을 불어넣는다. 모든 것을 이런 원리에 의하여 새롭게 만들어 낼 수 있다. 그래서 디자인과 감성은 새로운 시대에 각광받을 아이템들이다. 감성과 디자인은 몇 가지 공통점이 있다.

첫째, 범용성이 있다. 모든 분야에 적용할 수 있다. 디자인으로 이 책 각 장들의 주제인 나, 경제, 꿈, 감성, 교육, 전체, 정신혁명, 통일한국의 모양을 정할 수 있다. 그리고 감성은 나, 경제, 꿈, 교육, 디자인, 전체, 정신혁명, 통일한국의 모든 항목에 생기를 불어넣어서 활성화시킬 수 있다.

둘째, 끼와 멋을 부리는 데 필요하다. 그리고 즐거운 생활에도 필수불가결하다. 예를 들면, 축제할 때도 핵심 요소가 된다. 그래서 문화의 시대에 각광 받을 수 있는 내용들이다.

셋째, 확인이 가능하다. 디자인이 잘되고 있는지 여부는 금방 알 수 있고, 감성이 잘 활용되는지 잘못되는지도 외관으로 나타나므로 쉽게 확인할 수 있다. 즉, 감성과 디자인은 활용 과정에서 잘못되지 않는다. 안전하다.

넷째, 대규모로 활용이 가능하다. 국가 단위로의 활용도 가능하다.

다섯째, 인간의 내면과 외면을 연결하는 역할도 할 수 있다. 보이지 않는 내면의 상태를 확인할 수 있게 해준다. 그래서 물질과 정신의 조화를 이루는 데도 필요하다.

여섯째, 교육 활동의 중요한 내용이 되어야 한다.

일곱째, 둘 다 저평가되어 있다. 특히, 한국에서 그러하다.

감성과 디자인 능력은 인간의 대표적 도구이자 무기이며, 특징이자 특권이다. 이 둘은 좋은 짝이기 때문에 함께 사용할 때 시너지 효과가 나타날 수 있다.

6
장

교육

인간 완성의 길

□ □ □ □ □ ■ □ □ □

비닐하우스식 교육은
그만두자

———

밤에 어느 시골 마을을 지나는데 비닐하우스 여러 동에 불을 밝게 켜 놓은 것이 보였다. 궁금해서 같이 간 사람들에게 물으니 깻잎을 재배하는 비닐하우스라고 했다. 밤에도 불을 켜 놓으면 깻잎이 밤낮을 모르고 자라 빨리 수확할 수 있다는 것이다. 농업 기술의 성과라고도 볼 수도 있겠으나, 생각해 보면 이렇게 기른 깻잎이 조상들이 먹던 깻잎과 같을 것 같지는 않다. 겉모양으로는 같아 보이거나 혹은 더 좋아 보이겠지만 제철도 아니고 인위적인 조명을 받고 자란 작물이 자연 상태에서 자란 것과 같을 수는 없을 것이다. 자연 상태에서 생명이 자라는 원리를 모두 파악해서 그걸 비닐하우스에서 모두 반영한다면 모르겠으나 아직은 그런 수준에는 턱없이 못 미친다. 그러니 앞에서 말한 깻잎은 상업주의 하에서 억지로 길러내는 것에 불과하다. 물론 맛도 미세하게 다를 것이고, 영양분도 부족할 것이다. 이 사실은 그걸 먹는 사람에게도 영향을 줄 것이다. 엄밀히 따지면 변종 깻잎인 셈이다.

그런데 우리나라에서는 사람도 깻잎같이 기르고 있는 곳이 있다. 어디 그런 일이 있을 수 있는가 하고 펄쩍 뛰는 사람들이 있겠으나 어디까지나 사실이다. 전국의 대부분의 인문계 고등학교는 대략 밤 10시까지 야간자습을 한다. 개인의 학업 성취도나 생체 리듬, 공부 스타일, 능률은 무시되고 거의 전원이 참가해야 한다. 애들을 그냥 놓아두면 공부를 안 할 거니까 모아서 관리를 해야 하고, 1분이라도 더 붙들어 놓으면 한 자(字)라도 더 본다는 이유에서이다.

어리석은 행동도 전체가 하면 그것이 어리석은 줄 모르게 된다. 그래서 앞다투어 경쟁하다 보면 경쟁은 더 심화될 것이고, 결국은 아무도 견디지 못하는 상황이 올 수도 있다. 벌써 상식으로는 도저히 이해할 수 없는 청소년들이 나타나고 있는 실정이다. 지금의 교육이 학생들의 미래를 보장해 준다는 확신도 없으면서 마땅한 방법이 없으니 그냥 하던 일을 되풀이하는 것은 아닌지 모르겠다. 그러는 사이에 계속 지식을 주입하고 성적을 짜내다시피 하는 교육이 계속될 것이다. 이런 상황에서 다른 사람들이 멈추면 나도 멈추겠다는 자세는 문제 해결의 방법이 될 수가 없다. 문제를 자각한 사람들이 먼저 멈추는 수밖에 없다.

물론 주입식 교육도 백해무익한 것만은 아니다. 산업화 과정에서 기여한 공이 있는 것이 사실이다. 남을 따라갈 때는 무조건 배우고 남이 한 시간 할 때 나는 두 시간 하는 것이 효과가 있다. 그러나 선진국 진입을 앞둔 지금은 상황이 달라졌다. 일류가 되기 위해서는 자기 색깔이 나와야 한다. 그러기 위해서는 여유와 자부심이 있어야 하고, 창의성이 있어야 한다. 이를 위해서는 교육도 환골탈태할 때가 되었다.

입시지옥이 최고에 달해 있는 이 시점에 새로운 변화를 위한 씨앗도 함께 자라고 있다. 문제가 극에 달했을 때 새로운 변화가 시작되게 된다. 우리는 변곡점에 서 있는 것이다. 우리가 여기서 올바른 방향을 선택하면 힘들었던 경험들이 오히려 지혜로 바뀌어 우리의 성장에 도움이 될 것이다.

□ □ □ □ □ ■ □ □ □

인성과 창의성은
뿌리가 같다

———

요즘 '인성'과 '창의성'을 강조하는 말들을 많이 하고 있다. 우리 교육이 인성과 창의성을 중시하는 것은 백번 옳다. 그러나 여기서 유의해야 할 것은 인성과 창의성은 가르칠 수 없다는 사실이다. 다만 나타나도록 유도할 수 있을 뿐이다. 평가하기도 몹시 어렵고 5지 선택형 문제로는 아예 불가능하다. 그런데 인성, 창의성을 지식의 형태로 가르치고 지식의 차원으로 평가하려고 하는 것이 아닌지 모르겠다. 차원이 완전히 다른 영역인데도 말이다. 인성과 창의성은 잠재해 있는 '참나'에서 나오는 것이다. 그러니까 '참나'를 찾는 인간 완성의 길로 가야 인성과 창의성이 발현되게 되어 있다. 지금의 입시 위주의 교육은 그와는 정확한 반대의 길로 가고 있다. 지금의 교육은 자의식만 한없이 키우고 있을 뿐이다. 그 '나라는 자의식'이 좀 조용해져야 참 자아가 드러나고, 이때 참다운 인품과 지혜가 떠오를 것인데

자의식의 소음 속에서 그러한 잠재력은 오히려 더 깊이 숨어 버린다.

인성을 바로 하고 지혜로운 사람으로 키우기 위해서는 감성교육을 해야 한다. 정서 활동을 많이 하게 해서 에고를 순화시켜야 한다. 긴장해서 기운이 머리끝까지 올라가 있는 것을 끌어내려야 편안해지고 자신감도 생기게 된다. 이때 비로소 동료들과 조화를 이루고 협력하려는 마음이 생긴다. 이때 비로소 인간 완성으로 가는 길이 열리게 된다. 지금 같이 경쟁과 결과만 강조하는 분위기 하에서는 인간 완성과는 다른 길을 가게 된다. 그리고 현실적으로 절실한 경쟁력 있는 원천기술도 나올 수 없게 된다. 두려움으로 몸과 마음이 경직되어 새로운 아이디어가 나올 여지가 없어지는 것이다.

> 상상력은 지식보다 중요하다.
>
> ― 아인슈타인(Albert Einstein, 1879~1955)

지금은 한 명의 아이디어가 만 명을 먹여 살릴 수 있는 시대라고 한다. 이렇게 되기 위해서는 교육이 본래의 기능을 회복해서 온전한 인간, 즉 감성이 풍부하고 상상력 있는 인재를 길러내야 한다.

□ □ □ □ □ ■ □ □ □

태교는 늦다

———

배 속에 있을 때부터 교육을 해야 훌륭한 어른으로 성장할 수 있다는 것은 한국 사람이면 다 아는 사실이다. 그러나 태교 전에도 해야 할 일이 있다. 태교만 하면 사실은 늦는 것이다. 출산을 계획하고 있는 여성은 먼저 몸만들기부터 해야 한다. 임신을 하면 아기와 산모가 하나로 연결되기 때문에 어머니의 몸 상태가 자식한테 영향을 미치는 것은 당연한 일이다. 영향을 미치는 정도가 아니라 어머니의 심신 상태를 그대로 물려받은 아기가 나온다. 그러니까 어머니의 몸만들기는 아주 중요하고 절실한 것이다. 담배를 피우는 사람은 담배를 끊는 것은 물론이고 적절한 운동을 해서 근육도 키우고 몸 전체를 활성화시켜 놓아야 한다. 그리고 남의 말도 함부로 하지 말고, 마음 관리도 잘해야 한다. 결국, 자신의 심신의 수준에 맞는 생명체가 태어날 테니까 말이다. 나는 아무렇게나 하더라도 아기는 좋은 아기를 낳겠다는 것은 도둑 심보라고 해도 과언이 아니다.

준비가 되면 마음속으로 고귀한 영혼을 초청하면 된다. 자기가 원하는 아기를 상상하고 그런 영혼이 자기에게 오기를 기원해야 한다. 이렇게 하면 부모에게 선택권이 생긴다. 이 과정은 신학기에 신입생들한테 동아리 가입을 권유하는 것과 원리가 비슷하다. 뭘 그렇게까지 해야 하나 생각할 수도 있겠지만, 부모와 자식이 얼마나 중요한 인연인지 그리고 잘못된 출산으로 인해 생기는 고통과 부작용이 얼마나 큰지를 생각한다면 이런 일은 부모가 될 사람으로 져야 할 최소한의 책임이다.

우리나라는 사람이 가장 중요한 자산이다. 교육을 잘해야 훌륭한 인재가 배출되는데 교육은 첫걸음부터 잘 디디는 것이 중요하다. 아이가 나이가 적을수록 더 중요한 것이 결정된다. 인성, 지능, 건강 등 모든 면에서 그러하다. 결국, 중요한 것은 가정에서 다 결정해서 학교에 보내게 된다. 그리고 사실은 태어나기 전에 더더욱 중요한 것이 결정되는지도 모른다. 왜냐하면, 타고난 것이 교육에서 아주 중요하기 때문이다. 몸만들기가 이래서 필요하고, 기도하는 심정으로 아이를 낳는 것이 이래서 중요한 것이다. 이렇게 하면 선천적 결함을 가진 아이, 반사회적 성향을 가진 아이가 태어나는 것을 상당 부분 막을 수 있을 것이다. 나중에 열 삽을 떠도 해결할 수 없는 일을 한 삽으로 막을 수 있는 셈이다. 결국, 따지고 보면 부모는 자기 수준에 맞는 아이들을 갖게 되는 셈이다.

부모가 시범을
보여라

———

애들이 싫어하는 것 중에 대표적인 것이 부모가 하는 잔소리이다. 결론부터 말하면 잔소리는 하나도 효과가 없고 오히려 부작용만 나타날 뿐이다. 잔소리하는 것을 잘 들어보면 대개가 무슨 나쁜 일이 일어날 것 같은 내용들이다. 잔소리에는 부모의 두려움이 투영되어 있는 것이다. "말이 씨가 된다."는 속담이 있듯이 잔소리도 자꾸 하면 진짜로 실현되는 수가 있다. 잔소리할 때 기분까지 나쁘면 더 빨리 실현될 것이다. 그러니 잔소리는 사실 악담하는 것이나 마찬가지이다. 부모라면 자신이 먼저 편안하고 즐거운 의식 상태에 도달하고, 자식도 그리로 오도록 인도해야 옳다. 말을 할 때는 꼭 좋은 일이 일어날 것처럼 말해 줘야 한다. "너는 모든 것을 잘해낼 거야." "너는 훌륭한 사람이 될 거야." "풍족하고 즐거운 삶을 살 수 있어."와 같이 덕담을 해야 한다. 덕담을 자꾸 하면 이것도 현실화된다. 어느 쪽으로 갈지는 본인이 선택할 일이다.

요즘 TV 드라마에서 주인공들을 보다가 현실로 돌아와서 배우자를 보고 짜증을 내는 사람이 있다는 기사를 본 적이 있다. 극 중 배우와 자신의 배우자를 비교해서 그 괴리감을 느끼고 신세 한탄을 하는 것이리라. 그 연예인은 그렇게 멋있는데 당신은 그 반이라도 되어 보라는 식으로 말이다. 미안한 말이지만 이런 사람들은 꿈을 깨고 진짜 현실이 무엇인지를 알아야 할 필요가 있다. 속에서 잃어버린 것은 밖에서 찾을 수 없고, 밖으로 멀리 갈수록 갈증만 더 심해진다는 사실이 진짜 현실이다. 자신이 그토록 찾는 그 무엇은 자신의 내부에 있다. '그 무엇'을 대신할 수 있는 외부의 존재는 단 하나도 없다. 일시적인 위안을 줄 수는 있으나, 끝내는 모두 허망할 따름이다.

마찬가지로 자식을 자꾸 다그치는 것은 자신의 내부에서 찾지 못한 만족감을 자식을 통해서 찾으려고 하는 것에 불과하다. 남편을 자기 기대를 충족시키는 사람으로 만들려는 여자는 아이들도 그런 방식으로 대하게 된다. 자식도 사실은 별개의 개체이고, 자기가 하고 싶은 것이 따로 있게 마련이다. 자식은 부모가 못한 것을 대신해 주는 존재가 아닌 것이다. 부모 자신이 부족한 것이 있으면 지금이라도 그걸 자신이 할 일이지, 자식한테 강요해서는 안 된다. 그리고 대개 부모의 한계가 자식의 한계가 되기도 한다. 부모가 막힌 부분에서 자식도 막힌다는 말이다. 그러니 막무가내로 잔소리해서 해결될 일이 아니다.

사랑도 지혜와 힘이 필요하다. 그렇지 않으면 맹목적인 사랑이 되어 버린다. 눈먼 사랑은 자식과 부모 모두에게 해만 될 뿐이다. 아이가 공부를 잘하기를 원하면 어렸을 때부터 부모가 공부하는 시범을 보여야 한다. 부모가 책상에 앉아서 책을 보고 연구하는 모습을 보여 주면, 자식은 '원래 사람은 저렇게 해야 하는 것인가 보다.'라고 생각해서 부모의 행동을 따라 할 것이다. 딸이 바이올린 배우기를 원하면 어머니가 딸 앞에서 바이올린을 켜는 것을 보여 주라. 딸이 보기에 그것이 멋있으면 자신도 하려고 할 것이다. 그러니 동기 유발까지는 하되 부모의 몫은 거기까지고, 선택은 본인이 하게 해야 한다.

교육은 자식을 옆집의 1등을 하는 애처럼 만드는 것이 아니다. 밖의 누군가를 닮는 것이 교육이 아니라 내부의 무엇인가를 찾는 것이 교육이다. 그러니까 내부의 잠재력이 밖으로 드러나게 하는 것이 진정한 교육이다. 자식을 있는 그대로가 아닌 다른 누군가로 만들려고 잔소리를 하면 애들은 직감적으로 그것을 알고 반발하게 되어 있다. 길가의 풀 한 포기도 거기에 있는 이유가 있고, 몸의 솜털 하나도 공연히 난 것이 없다. 하물며 사람이야 말을 해 무엇하겠는가. 그래서 공부를 잘하지 못하더라도 자식의 현재 모습을 그대로 인정해 주고 소중하게 생각했을 때 새로운 변화의 가능성이 열리는 것이다.

자아실현의
길로 가자

———

    인간 완성, 자아실현이 중요하고 꼭 해야 할 일 같은데 너무 막연해 보이고 밑도 끝도 없는 내용 같다. 이 역시 에고의 입장에서는 이해할 수 없는 내용이기 때문이다. 자아실현이란 몸, 에고, 참 자아가 통합되는 것을 말한다. 몸과 에고는 나인 걸 알겠는데 참 자아란 도대체 무엇인가? 참 자아는 물질적인 존재가 아니기 때문에 에고와 마찬가지로 눈으로 볼 수는 없다. 에고도 보이지는 않지만, 기능이 있으므로 존재하는 것이고, 참 자아도 마찬가지다. 참 자아는 생각이 아닌 느낌을 통해서 만날 수 있다. 감동해서 가슴이 뭉클할 때, 기분 좋은 일이 있어 온 세상이 내 것 같을 때 참 자아가 나타난 것이다. 참 자아는 피곤할 때 에너지를 충전시켜 주고, 획기적인 아이디어를 제공해 주며, 의기소침할 때 다시 한 번 해보자는 용기를 준다. 이는 참 자아가 한없이 강하며 지혜롭고 모든 것을 포함하고 있기 때문이다. 가만히 앉아서 내면에 집중하고 있으면 아무것도 하지 않는데도 그 자체로 인생의 의미와 보람과 목적을 느낄 때가 있다. 그것들을 찾아다닐 때는 만나지 못했는데도 말이다. 바빠서 잊어버리다가도 다시 앉으면 항상 그 상태로 기다리고 있다. 항상 그 자리에서 변화하지 않으므로 참 자아라 할 수 있는 것이다. 참 자아라는 말이 조금 거북하면 잠재능력이라고 이해해도 크게 틀린 것은 아니다. 참 자아가 나타나면 일상생활을 할 때보다 감각기관이 더 깨어 있고 생생해진다. 이때가 진정 현재이기 때문이다. 그리고 이때의 내가 진정한 나인 것이다. 그리고 이 '나'와 '현재'가 유일한 실체이다. 나머지는 이 실체의 그림자라고 볼 수 있다. 물론 그림자라고 가치가 없는 것은 아니다. 그리고 이곳이 자신의 소망을 실현할 수 있는 창조의 공간이 될 수 있다. 이곳이 실물화상기 역할을 해주기도 한다. 우리는 선택과 믿음으로 이곳에 자신의 소망을 올려놓을 수 있다. 그리고 이 진실한 곳에서 인성과 창의성이 나온다. 그러면 참 자아와 합일이 이루어졌을 때 에고와 몸은 어떻게 되는가? 이때 에고와 몸은 없는 것 같이 느껴진다. 에고가 옅어지고, 몸도 가벼워졌다는 의미이다. 물론 에고와 몸이 없어지지는 않았고, 오히려 이때 가장 활성화되어 있고, 고유의 기능을 하고 있는 것이다. 명상을 하는 것도 이 상태에 도달하기 위해서이다. 이때 개성이나 기억을 상실하지도 않고 오히려 강화될 수 있다. 또한, 지금 하는 일을 못 하게 되는 것이 아니라 더 잘할 수 있게 된다.

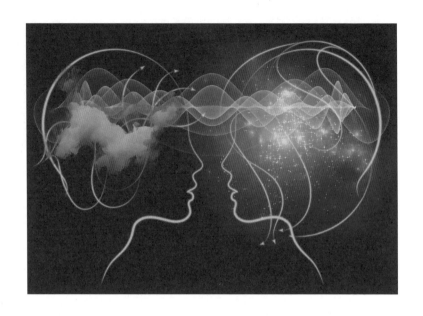

　그러고 보면 참 자아라는 것은 무슨 수행자나 특별한 사람들만 접할 수 있는 것이 아니다. 보통 사람들도 체험할 수 있는 영역이다. 그리고 체험해야만 한다. 다만, 보통 사람들은 컨트롤을 잘 못 해 참 자아와의 만남이 제한된 경우에나 이루어진다. 그리고 그 깊이에 조금 차이가 있을 뿐이다.

　참 자아라는 것은 무슨 귀신 같은 존재도 아니고 그냥 자신을 닮은 또 하나의 자신이다. 그렇다면 에고처럼 왜 처음부터 항상 함께 할 수는 없는 것인가? 이유는 참 자아가 나타나고 싶어 하지 않는 것이 아니라, 에고가 참 자아가 나타나는 것을 끊임없이 막기 때문이다. 현재의 교육이 의도하지 않은 가운데 이러한 현상을 조장하고 있다. 에고가 의식의 스크린을 다 차지해 버리면 참 자아가 나타날 공간이 없게 된다. 현대인들은 거의 의식의 대부분을 에고가 차지하고 있다. 그만큼 자의식이 강하다는 말이 된다. 그리고 또 다른 이유는 인생이 보물찾기, 즉 '참 자아 찾기 게임'이기 때문이다. 게임의 원리에 충실하기 위해서는 보물을 숨겨 놓아야 한다. 그래야 발견하는 재미가 있을 테니까 말이다. 로또에 당첨되면 팔자를 고치는데, 이 참 자아를 찾으면 로또와는 비교할 수 없는 행운이기 때문에 인생도 큰 보물찾기라 볼 수 있다. 그런데 보물찾기가 너무 빨리 끝나면 재미가 없으므로 적당히 어렵게 해둔 것이다. 이런 식으로 가볍게 세상을 보면 오히려 쉽게 핵심에 접근할 수 있을 때가 있다.

내면 자아를 만나는 방법 중의 하나는 내면 자아를 인정하고 관심을 가지는 것이다. 모든 생명체는 인정과 관심을 좋아하게 되어 있다. 컴퓨터에서 필요한 아이콘을 선택해서 클릭함으로써 활성화시킬 수 있듯이, 참 자아도 인정과 관심으로 반전되고 활성화될 수 있다. 그러니 잠재해 있는 자신이 있다는 것을 인정하고, 숨어 있는 또 다른 자신이 있다는 것을 받아들여라. 좋아한다는데 돌아서서 도망갈 존재는 어디에도 없다. 그리고 참 자아를 존경하거나 두려워하지 마라. 존경이나 두려움이라는 말에는 거리감이 느껴진다. 또 어떻게 자기가 자기를 존경하고 두려워할 수 있겠는가. 그리고 겸손해지는 것도 한 가지 방법이 될 수 있다. 여기서 겸손이란 고분고분하고 목소리 낮추는 것을 말하는 것이 아니다. 인간적인 자아는 정말 아무것도 아니라는 것을 알고, 더 큰 나를 찾으려는 자세가 바로 겸손이다. 이때는 에고가 한 발짝 비켜 서 있는 상태가 되기 때문에 진실한 자아가 발현되기 쉬워진다. 인간은 만물의 영장이지만 다른 기준으로 보면 벌레보다 못한 면도 있다. 그러나 "벌레보다 못하다."는 말을 듣자마자 "감히 나를 벌레하고 비교하다니." 하고 흥분하는 사람은 좀 더 자신을 비우기 위해 노력할 필요가 있다.

참 자아와의 합일 여부를 알 수 있는 방법이 있다. 기분이 좋으면 합일이 이루어진 것이고, 기분이 나쁘면 접속이 끊긴 것이다. 거꾸로 의도적으로 좋은 기분을 선택하면 참 자아와 통합될 수 있다. 감성의 역할이란 이렇게 중요한 것이다. 감성 교육도 이런 차원에서 필요하게 된다. 너무나 어렵고 도저히 불가능할 것 같은 일을 감성이 해결하다니 놀라운 일이다. 열쇠는 항상 손에 쥐고 있었는데 그게 열쇠인지를 몰랐던 것이다.

이 시점에서 흥미 있는 질문을 해보자 참 자아가 가치가 있을까, 아니며 에고가 가치가 있을까? 이 물음은 '아기가 가치가 있을까, 아버지가 가치가 있을까?'라는 물음과 유사하다. 물론 아버지가 아기보다 강하고 지혜롭지만, 더 낫다고 할 수는 없다. 아기 입장에서는 아버지가 전지전능해 보이겠으나 아버지도 부족함이 있다. 바로 아기의 '유약함'이 아버지한테는 없는 것이다. 이 점 때문에 아버지가 자식을 더욱 사랑하는 것이다. 아버지는 이 아기가 있음으로써 자신을 더욱 잘 알 수 있다. 다시 참 자아와 에고의 관계로 돌아가 보자. 참 자아가 실패와 두려움을 모르는 고차원의 존재이지만 부족한(?) 부분이 있다. 바로 '유한함'이다. 여기서 바로 유한함과 무한함의 희한한 협동이 가능해진다. 여기서 인간의 특징과 위대함이 나타난다. 그리고 에고의 유한함이 있음으로써 참 자아의 영광을 체험할 수 있게 된다. 그래서 이 이중구조를 가진 인간은 특별한 존재가 된다. 이걸 알면 이제는 단식으로 하던 게임을 복식으로 할 수 있게 된다. 그야말로 '환상의 복식조'가 되는 셈이다. 이때 무적이 될 수 있다. 그러므로 어느 쪽이 더 나은 것은 아니고 둘 다 필요해서 존재한다고 볼 수 있다.

자연계에서는 대개 비슷한 것들끼리, 즉 끼리끼리 존재를 하는데 우리가 사는 지구는 극과 극, 지옥부터 천당까지가 뒤섞여 있다. 그만큼 더 많은 경험을 할 수 있고, 더 큰 각성을 할 수 있는 기회가 생긴다. 그래서 지구라는 이 학습의 장이 귀중한 것이다. 단지 여기에 존재하는 것만으로도 어떤 기여를 할 수 있는 것 같다. 지구에서도 특별한 곳이 바로 '한국'이다. 여기는 다른 나라에 없는 분단에다가 온갖 사상, 종교, 철학, 문화가 혼재한다. 거기다가 한국은 에너지가 증폭되는 곳이다. 그래서 뭘 하면 끝장을 보게 되고, 문제가 터져도 크게 터진다. 그래서 혼란하지만 역동적이다. 게임으로 치면 아주 고급 게임이 된다. 그만큼 대단한 학습장이기 때문에 한국에서 큰 인물이 많이 나올 가능성이 크다. 한국에 이렇게 에너지가 집중된 것은 한국이 지구의 미래를 결정하는 열쇠를 쥐고 있기 때문인지도 모른다. 그만큼 한국인의 역할이 중요한 것이다. 그래서 한국에서는 교육이 특별히 더 의미를 가진다고 볼 수 있다.

전통사회에서는 분명히 전인교육(全人敎育)을 했고 자아완성을 지향했었다. 그런데 언제부터인가 성과와 능률에만 집착해서 모든 것의 기반이 되는 인간성은 팽개쳐 버리고 말았다. 학생이 무슨 생각을 하는지, 꿈이 무엇인지는 무시되고 성적으로 모든 것을 평가하는 사회가 되어 버린 것이다. 운동부도 마찬가지이다. 금메달에만 모든 것을 거는 것이 우리의 현실이다. 은메달 땄다고 우는 나라는 우리나라밖에 없다고 한다. 국제대회를 해도 유독 우리나라가 메달 집계에 열을 올린다. 나아가서 고등학교 자체를 명문대 진학 성적에 따라 메달 집계하듯 서열화하는 경우도 있다.

더 나빠지기 전에 이제라도 시야를 넓게 가지고 원래 우리가 가기로 되어 있던 궤도를 다시 찾아야 한다. 벌써 우리가 잘못된 길로 들어섰다는 징조들이 나타나고 있다. 이제라도 학생들이 올바른 교육을 받을 수 있도록 지혜를 모아야 한다. 집에서 자야 할 시간에 초등학생이 학원가를 헤매고 다니는 일만은 제발 그만두어야 한다. 책임 있는 어른들의 올바른 선택이 필요한 시점이다.

타고난 것이
중요하다

———

역도 선수에 적합한 기질과 몸매를 타고난 아이도 억지로 발레를 시키면 발레를 할 수는 있을 것이다. 그리고 조금씩 늘 수도 있다. 그러나 역도를 하는 것만큼은 발전할 수 없다. 그래서 늦게 다시 역도로 돌아오게 되면 처음부터 하는 것보다 훨씬 비효율적으로 되어버린다. "열심히 하는 사람이 좋아하는 사람을 당할 수 없고, 좋아하는 사람도 미친 사람을 이길 수 없다."는 말이 있다. 대상을 좋아하고 거기에 미치는 것은 타고나야 가능하다. 타고난 기질 없이 배워서 되는 일이 아니다.

어떤 TV 프로그램에서 비행기 마니아를 소개하는 것을 본 적이 있다. 주최 측에서 어떤 전투기에 천을 씌워 윤곽만 보이게 해놓고는 이 사람에게 보여 주었다. 그러자 이 사람은 비행기 제원은 물론이고, 개발 연도, 주요 참가 전투, 기체의 장단점을 모두 줄줄 이야기했고, 전혀 막힘이 없었다. 좋아서가 아니라 누가 시켜서 공부했더라면 그 정도의 의욕과 자발성이 나올 수는 없었을 것이다.

부모들의 욕심과 달리 모든 학생이 사자(士字) 붙은 직업을 가질 수 없고, 모든 학생이 서울대에 들어갈 수도 없다. 또 모든 학생이 1등을 할 수도 없다. 공부는 사실 타고난 지능과 근면성이 중요하다. 이러한 한계를 무시하고 실패자가 대량으로 나올 게 뻔한 경쟁 구도로 학생을 몰아넣는 일은 지나치게 근시안적인 처사이고, 사회적으로도 자원의 낭비이다. 다행히 학생들의 특기, 적성은 다양하니 본인의 꿈과 취향을 존중해서 스스로 진로를 결정하도록 할 때가 되었다.

선진국들은 다 그렇게 하고 있다. 또 지금 같이 모든 사람이 어학에 매달릴 필요도 없다고 본다. 보통 사람은 어학을 하나 마스터하는 데도 시간이 너무 오래 걸린다. 반면에 쉽게 여러 나라말을 통달하는 사람도 있다. 이런 사람들이 번역을 해주면 되니까, 모든 사람이 어학에 매달리는 것은 낭비가 아닌가 싶다.

산에 있는 나무를 보더라도 똑같은 나무가 없고, 사람도 똑같이 생긴 사람이 없는데, 공부만 모두가 잘하기를 바라는 것은 터무니없는 욕망일 뿐이다. 이 세상에서는 실현 불가능한 망상이다. 그런데도 한국인은 공부에 대해서만은 욕심이 너무나 과도하다. 한 집에 똑똑한 아이 한 명만 있어도 만족할 줄을 알아야 한다. 다른 아이는 그 똑똑한 아이를 따라가면 된다.

그리고 고등학교 졸업해서 신문을 읽을 수 있는 정도의 지성을 갖추면 지식 교육은 일단락된 것으로 보아야 한다. 더 상위의 공부는 적성과 본인의 희망에 따라 선택하도록 하는 것이 순리일 것이다.

7
장

전체
———
더 큰 나

□ □ □ □ □ □ ■ □ □

애국하면
손해를 보는가?

———

　나보다 더 큰 공동체는 여러 차원이 있으나 시대적 상황이나 그 중추적 역할로 볼 때 먼저 국가에 대해 논의부터 하는 것이 바람직 하리라 본다. 그 이해의 바탕 위에서 다른 범위의 공동체도 쉽게 접 근할 수 있을 것이다.

　인체는 유기체이므로 모든 장부와 조직이 서로 연결되어 있다. 그 리고 이 장부와 각 조직이 조화와 균형을 이룰 때 우리의 몸이 건강 할 수 있게 된다. 이때 한 장기만을 떼어서 건강을 논할 수는 없는 것이다. 그리고 만약 한 장기만 강해지면 오히려 건강이 나빠지고 심 하면, 병으로 발전할 수도 있다.

　개인이 모여서 국가라는 일종의 유기체를 만들어 내기 때문에 개 인의 삶도 국가라는 전체를 무시하고는 성립할 수 없다. 개인이 과도 한 자기중심적 행동을 하면 전체에 손해를 끼치는 경우가 발생할 수 있다. 그리고 아무리 돈을 많이 벌고 지위가 높다 하더라도 자신만을 위한 삶은 끝내 허망해진다. 인생에는 개인적인 부분과 전체적인 부분이 있는데 전체적인 부분이 빠졌기 때문이다. 그 부족한 부분이 허탈감으로 나타나게 된다. 결국, 삶의 개인적 부분과 전체적 부분의 조화와 균형이 필요하다. 불행히 지식 위주의 현 교육제도 하에서는 학생들이 전체를 보는 안목을 기르기 어렵다. 오히려 지나친 입시경쟁으로 개인의 욕망과 욕망이 충돌되어 전체적으로 바람직하지 않은 결과를 초래할 수도 있다.

국가를 위해 자신을 희생한 사람들이 국가유공자인데 성숙된 사회일수록 이분들에 대한 처우에 소홀함이 없다. 최근 여러 단체에서 국가유공자 문패 달아주기 운동을 전개하는 데 물론 좋은 일임에는 틀림이 없으나 대개 일반 문패와 크기가 비슷해서 자세히 보지 않으면 내용을 알기 힘든 부분이 아쉽다. 이제 이런 일도 국가가 주관해서 황동판에 국기도 넣고 크게 만들어 모든 사람이 금방 알아볼 수 있도록 했으면 좋겠다. 또 중요한 행사가 있을 때 국가유공자를 더 자주 초청해서 그들을 잊지 않고 있음을 보여 줄 필요도 있다. 눈에서 멀어지면 마음도 멀어지는 법이다. 이때 기관장들끼리 상석을 두고 신경전을 벌이지 말고 국가유공자들을 상석에 앉혀라. 또한, 이사를 했을 때 가까운 곳에 현충원이 있으면 자녀를 데리고 가서 분향하는 것도 권할 만한 일이다. 자식들이 보고 배울 테니까. 그리고 국가의 중대한 문제가 있을 때는 국가유공자나 그들의 후손을 초청해 의견을 묻는 방법도 필요하다. 나라를 사랑하는 마음이 있는 사람들이기 때문에 그들의 지혜가 모이면 반드시 어떤 해결책이 도출될 수 있을 것이다. 그리고 이런 것들이 진정으로 그분들을 존중하는 길이기도 하다. 그러니까 최소한 묻는 척이라도 하라. 자라나는 세대들이 보고 있다. 보훈이 제대로 이루어지지 않으면 애국하면 손해라는 심리가 아이들 마음에 생길 수도 있다. 독립운동하면 3대가 망한다는 말이 있는데 이 말이 우리의 현실을 대변하는 말이 아니기를 바란다.

요즈음 사회가 다원화하면서 각종 이익의 정치화 현상도 빈도가 높아지고 있다. 각종 단체, 모임이 자신들의 업적 또는 불행을 내세워 보상과 권력을 요구하고 있는 실정이다. 그러나 독립운동을 한 사람들이나 6·25 참전용사들이 처우를 개선해 달라는 시위를 했다는 말은 듣지 못한 것 같다. 데모를 해도 이런 분들이 해야 옳거늘 정작 가장 많은 희생, 그것도 전체를 위해서 희생한 사람들은 나서지를 않는다. 이 부분에서 형평성 등 생각해 볼 것이 적지 않다. 건전한 상식을 가진 사람들이 납득할 수 있는 보상 기준을 이제라도 마련해야 한다. 자기 공적을 내세우지 않는 유공자들이나 후손들은 그만큼 더 훌륭한 사람들이다. 그래서 알아서 공경하고 대접하는 것이 우리의 당연한 도리이다. 이렇게 했을 때 나라가 바로 선다. 실망해서 나라를 떠나려는 유족들이 이제 더 이상 나오지 않아야 한다. 명절이나 제사 때가 되면 없는 분들의 빈자리가 더 크게 느껴진다. 바로 이

때 위로와 정성이 필요하다. 국가의 이름으로 명절에는 선물을 보내고, 제사 때는 일부 제사음식이라도 마련해서 보내자고 주장하면 너무 많은 것을 바라는 것일까? 결국, 모든 것은 마음의 문제이다. 이제 이런 것을 실행할 돈이나 기술은 있으니까.

의식 수준이란 '어디까지를 나로 보는가'라는 문제라고 볼 수도 있다. 유공자들은 의식이 국가 수준까지 확대되어 있는 사람들이다. 그리고 애국심이 있다는 것은 최고의 능력이 있다는 뜻도 될 수 있다. 왜냐하면, 의식이 크면 대개 그만한 수준의 일을 할 준비가 되어 있기 때문이다. 그들은 국가 차원의 일을 할 만한 심신의 상태가 되어 있었다. 따라서 국가유공자들의 후손들은 이런 우수한 DNA가 흐른다. 단순한 스펙 하고는 차원이 다른 것이다. 그래서 결혼 대상자로서 국가유공자 후손을 고려해 보는 것은 어떨까 싶다.

미국은 자국의 군인들이 적의 포로가 되면 구출 과정에서 또 다른 군인들의 희생을 무릅쓰고서라도 구출하려는 노력을 포기하지 않는다. 죽은 병사의 유해를 가져오기 힘든 지역에서는 돈으로 사서라도 그 유해를 본국으로 송환한다고 한다. 심지어 한국전쟁 때 한국에서 사서 탄약 운반을 시킨 말, 레클리스(Reckless)라는 이름의 말도 전후에 미국으로 데려가서 그 공을 인정해 훈장과 하사 계급을 수여하였다. 그리고 편하게 살도록 해 주었을 뿐만 아니라 죽었을 때는 장례식까지 치러주었다. 말도 이렇게 대우하거늘 사람이야 말을 해 무엇 하겠는가. 이러한 바탕이 있기에 미국이 제1의 패권국가가 될 수 있었을 것이다.

어떤 학교 현관에서 충성 충(忠) 자를 써서 액자에 넣어 놓은 것을 본 적이 있다. 가까이 가보니 다른 부분은 붓글씨인데 '가운데 중' 자의 삐침이 칼 그림으로 되어 있었다. 충성의 본질을 절묘하게 표현하고 있는 것 같았다. "충성은 입이 아닌 칼로 한다. 그리고 몸으로 한다."는 의미를 시각적으로 잘 표현하고 있었다. 우리 사회에 애국한다는 사람은 많지만 진정한 애국을 실천하는 사람은 흔하지 않다. 이런 의미에서 봤을 때 실제 칼로 애국하는 경찰과 군인을 존중해야 할 필요가 있다. 최소한 그들을 비하하는 일은 없었으면 한다. 나라를 사랑하는 사람은 그 큰 에너지로 인해 기혈(氣血)의 순환이 장(壯)하게 이루어진다. 그 기운 속에서 싸여서 한평생 사는 것이다. 물론 그 기운 자체로도 큰 즐거움을 느낄 수 있다. 이것이 이른바 대장부의 삶이라는 것이다. 그리고 큰 그림을 보는 안목이 있기 때문에 자신의 개인적이 비전도 빨리 안정적으로 달성될 가능성이 크다. 이런 것들을 1차적인 보상이라 볼 수도 있다. 그래서 자신을 위해서라도 전체를 위하는 마음을 가질 필요가 있다고 할 수 있겠다.

물론 우리나라도 국가를 위해 희생된 사람들과의 의리를 중시하는 전통이 있었다. 이것이 불행한 역사를 통해서 많이 사라지고 왜곡되어 버렸다. 그 대신 자기 이익만 챙기는 요령주의가 득세하는 것은 아닌지 우려스럽다. 그렇다고 무조건 국가주의를 강조하려는 것은 아니다. 국가를 위해 무조건 개인을 희생시키려는 것도 옳지 않다. 다만, 세태가 너무 개인주의, 나아가서는 이기주의로 흘러 국가와의 관계에서 균형을 이룰 필요가 있다는 것이다. 그리고 국가가 존재하는 한은 애국이라는 것이 인간의 기본 품성 중의 하나가 되어야 할 것이고, 8장과 9장의 과제를 위해서도 기본이 되니 논의해 본 것이다. 결국 '모두가 나처럼 행동하면 전체가 어떻게 될 것인가?' 하는 명제를 생각해 본다면 공동체 생활에서의 우리의 나아갈 길은 정해진다고 본다.

□□□□□□■□□

우리는 스스로를
무엇이라고 생각하는가?

가난해서 잘 먹지도 못하고 집안싸움에 시달리면서 팔도 한쪽밖에 못 쓰는 권투선수가 권투계에서 상위권에 오른 경우가 있을까? 물론 있을 수 없는 이야기이다. 그러나 그런 국가는 존재한다. 바로 우리나라이다. 분단과 대결이라는 집안싸움에 고통받았고 식민지 경험으로 인한 민족정신의 왜곡, 그 후 제 역할을 못 한 정치와 교육의 영향으로 나아갈 바도 분명하지 못했고 가난했던 것은 말할 것도 없으며 분단으로 인해 몸의 반밖에 쓰지 못한 상태나 마찬가지가 되었던 것이다. 이러한 상황 속에서도 우리는 2009년 경제협력개발기구(OECD) 산하의 개발원조위원회(DAC)에 가입했다. 원조 받던 나라에서 원조하는 나라로 바뀐 사상 첫 사례가 되었다는 말이다. 흔히 라인강의 기적을 강조하는데 독일의 경우는 부자가 다시 부자가 된 것뿐이다. 우리는 맨땅에서 출발을 했기 때문에 우리나라의 성공 사례가 더욱 기적적이고 가치가 있다. 다만, 독일의 위상이 아직은 높기 때문에 우리보다 유명해진 것뿐이다. 결과적으로 우리도 잘 모르는 가운데 있을 수 없는 일을 해낸 셈이다.

그럼에도 불구하고 우리는 위상에 맞지 않는 행동을 하는 경우가 많다. 우리 스스로를 낮게 평가하는 경우가 흔히 발생한다. "우리가 별수 있겠어?" "한국 사람이 다 그렇지, 뭐." 하는 식으로 우리 자신을 깎아내리는 경우가 많다. 자기비하의 덫에 빠진 것이다. 자긍심이 낮기 때문에 중심이 없어서 사소한 일에도 지나치게 외국을 의식하게 된다. 반면에 최근 남중국해에서 베트남과 중국 사이에 영해 분쟁이 있었을 때 베트남이 한 말은 의미심장하다. "중국이 해상으로 몰려오면 우리는 육로로 중국으로 진격하겠다."라고 한 것이다. 생각해 보자. 우리는 베트남과는 비교도 할 수 없이 우수한 경제력과 군사력을 가지고 있다. 그런데도 무엇이 부족하고 무엇이 두려워서 자신감 없는 행동을 하는 것인지 모르겠다. 그러나 분명한 것은 우리 스스로를 존중하지 않을 때 남들도 우리를 존중하지 않는다는 사실이다. 그리고 개인적으로 스스로에게 자부심이 없는 사람이 모이면 결과적으로 공동체 전체도 자부심이 없게 된다. 결국, 모든 문제는 개인에게 귀결되는 것이다. 구성원 한 사람 한 사람의 자각이 그만큼 중요한 것이다.

또한, 우리는 지난 일을 쉽게 잘 잊어버린다. 그래서 같은 상대에게서 되풀이해서 공격당하고 같은 안전사고가 되풀이해서 일어나는 것이다. 이 경우 담당자나 정치인에게만 책임이 있는 것이 아니라 나라의 주인인 우리 모두에게 책임이 있다. 우리는 큰 위험은 보지 않으려는 심리가 있다. 실체를 바로 보면 해결이 쉬운데 두렵거나 귀찮아서 피하면 그것은 더욱 커져서 우리를 압박하게 된다. 여우를 피하려다 호랑이를 만나게 되는 격이다. 이 경우 나타나는 대표적인 반응이 밖의 누군가를 탓하는 일이다. '네 탓 공방'을 하게 되는 것이다. 서로 네 탓을 하면 결국은 다투게 되어 있다. 반면에 큰 문제, 큰 위험이라 하더라도 원인을 내부에서 찾으면 오히려 해결이 쉽게 된다. 애당초 우리의 집단의식 속에서 그리고 우리의 개인의식 속에서 문제와 위험이 시작되었다고 보아야 한다. 이런 식으로 모든 것을 '내 탓'이라고 생각해야 개선이 가능하다.

'내 탓이다'는 태도는 자신을 주인으로 보는 태도이다. 내가 누구 때문에 희생된 것이 아니라 나 스스로가 이렇게 만들었다는 것을 선언하는 것이다. 바람직하지 않은 것을 자신의 탓으로 돌리면 그 보상은 앞으로의 상황을 역전시킬 수 있게 된다는 사실이다. 결국, 자신이 자기 운명의 창조자라는 사실을 인정하면 창조의 방향을 바꾸어 원하는 쪽으로 갈 수 있게 된다.

우리의 전체 모습을 살펴보는 것의 좋은 점은 이런 과정에서 우리 개인의 모습도 좀 더 정확히 알 수 있다는 사실이다. 스스로는 잘 알 수 없었던 내용도 판을 키워 놓고 보면 보이는 수가 있다. 이 결과를 토대로 개인의 발전을 도모할 수도 있다.

앞서 예로 든 권투선수 같던 나라가 이제는 잘 먹고 가정도 화목해지고 목표도 분명하며 양팔을 다 쓸 수 있다면 어떤 일이 일어날까? 아마도 역사의 새로운 지평을 열 수 있을 것이다. 우리가 우리를 바로 알고 각성했을 때 어느 정도의 일을 할 수 있는지는 다음 장에서 논하기로 하자.

□ □ □ □ □ □ ▉ □ □

우리에게 비전은
있는가?

———

초등학교 다닐 때 미래 한국의 모습을 삽화로 그려 놓은 것을 교과서에서 본 기억이 있다. 집집마다 전화기, TV, 자동차가 있었다. 그때 그것을 보고 참 좋기는 했지만 허황된 꿈같은 이야기라고 생각했었다. 도저히 이루어질 수 없는 상상 속의 허구 같았다. 미국 사람들이 지원해 준 곡물로 방석같이 큰 빵을 만들어 그 조각을 하나씩 떼어주던 것을 얻어먹던 시절이었다. 마을에 전기도 들어오지 않고 도로도 포장되지 않았는데 TV에 자동차를 가진다는 것은 생각하기 어려웠다.

그런데 비 오면 흙탕물 튀기던 그 도로가 포장이 되더니 곧 4차선으로 확장되었다. 도로를 달리는 자동차의 양도 빠른 속도로 증가했다. 이와 함께 교과서에서 본 그 그림이 점점 현실이 되어 갔다. 이제는 마을 앞에 아예 고속도로까지 생겼다.

보릿고개 넘던 시절의 잘살아보자던 꿈은 이제 달성된 셈이다. 그런데 어찌 된 영문인지 모르겠으나 우리는 새마을운동 후에 비전을 상실하고 말았다. 오랫동안 1인당 국민소득이 2만 달러 대에서 머물러 선진국 진입을 빨리 못 하는 것도 더 이상의 목표를 만들지 못했기 때문인 탓도 있다.

외국인 노동자들이 일자리를 찾아 한국으로 들어오고, 후진국들이 우리의 성장 비결을 배우려는 이때 정작 우리는 더 이상 앞으로 나가지 못하고 있는 상황이다. 그래서 선진국 진입을 위해서라도 새로운 비전이 필요한 시점이다.

나라가 작아서 인구가 적어서 무엇을 못하는 것은 아니다. 영국의 국토 면적은 우리나라 남북을 합한 것과 비슷한 데도 19세기에 전 세계를 호령했었다. 만주족은 한족과의 인구 비율이 100:1에 불과했는데도 불구하고 '청(淸)'이라는 이름으로 300년 가까이 100배나 많은 인구를 통치했었다.

더구나 "인터넷 시대에는 영토의 크기가 중요하지 않다." 이 말은 어느 석학이 한 말이 아니라 우리나라에 일하러 온 조선족 막노동 일꾼이 한 말이다. 그는 중국에 살아서 중국이 얼마나 광대한 나라인지를 눈으로 보았지만, 한국에 와 보니 하기에 따라서는 그 광대함도 극복할 수 있음을 알게 되었다고 한다. 한국은 언제나 양이 아닌 질에 승부를 걸어야 한다. 그리고 한국 사람이 잘할 수 있는 부분이 있다. 정보혁명이 오기 전에는 한국 사람 자신도 정보통신에 장점이 있는 줄을 몰랐다. 심지어 성질이 급한 것도 정보화 시대에는 어느 정도 장점이 될 줄은 아무도 예상치 못했을 것이다. 한국 사람들은 다가오는 새로운 시대에 필요한 또 다른 장점을 가지고 있다. 우리의 숨겨둔 장점을 활용하면 다시 한 번 세계가 놀라는 일을 해낼 수 있을 것이다.

□ □ □ □ □ □ □ ■ □ □

나는 왜 나만
나로 인식하는가?

─────

여기서는 앞의 내용들을 통합하고 나아가서 이 세상과의 관계를 어떻게 정하는 것이 바람직한지를 알아보기로 하자. 먼저, '유도, 검도'라 할 때의 '도'는 '길 도(道)' 자이다. 이런 수련을 열심히 하면 결국은 다른 운동과도 만나게 되고, 또 인간의 다른 활동 분야(서예 등)와도 연결된다. 궁극에는 진리와도 만나게 된다. 결국은 모두 만나게 되는 것이다. 그 만나는 접점, 즉 길을 도라고 한다. 등산로는 여럿이지만 정상에서는 모두 만나게 되는 법이다.

나, 가정, 기업, 국가의 발전 원리도 동일하다. 진리는 시공을 초월하여 적용될 수 있다. 그래서 똑같은 법칙을 여러 대상에 적용할 수 있게 된다. 그리고 이 책의 앞부분에서 따로 이야기한 나, 경제, 꿈, 감성, 교육, 디자인의 원리도 사실은 모두 같은 것이다. 세상이 복잡해도 기본 법칙은 동일하기 때문에 하나를 알면 다른 것도 꿰뚫어

볼 수 있다. 그래서 하나를 들으면 열을 알 수 있다는 말이 나오게
된 것이다. 하나가 상황과 인연에 따라 여러 가지 현상으로 펼쳐지
는 것이다.

옛날에 하나를 얻은 것이 있었네

하늘은 하나를 얻어 맑고

땅은 하나를 얻어 안정되고

신은 하나를 얻어 신령스럽고

골짜기는 하나를 얻어 가득하고

만물은 하나를 얻어 생겨난다

왕과 제후는 하나를 얻어 천하를 바로잡고

모든 것은 하나로서 이루어지네

— 『도덕경(道德經)』

　개인이 자기 관리를 할 때의 포인트는 자기 뜻대로 할 수 있는 곳을 먼저 통제한다는 것이다. 우리 몸에서 마음대로 할 수 있는 것은 근육과 위장, 허파이다. 다른 곳은 인간의 마음대로 하다가는 생명에 지장이 있으므로 일단 금지되어 있다. 그러나 근육을 통한 운동, 위장을 통한 적당한 식사, 허파를 통한 호흡 조절(명상)을 하게 되면 몸이 좋아지는데 그 효과는 근육, 위장, 허파에만 머무르지 않는다. 몸 전체가 덩달아 좋아지게 된다. 인간의 의지대로 되지 않는 부분에까지 종국에는 좋은 영향을 줄 수 있게 되는 것이다. 이 원리는 나와 전체의 관계에서도 마찬가지로 적용될 수 있다. 세상도 하나의 생명체이기 때문에 부분인 나의 상태가 전체에 영향을 줄 수 있다. 그러므로 내가 바뀌었을 때 세상도 바뀔 수 있다. 그렇게 변할 것 같지 않던 현실도 내가 달라지면 다르게 보인다. 주인이 달라졌는데 집이 그대로일 리가 없는 것이다. 그래서 구성원 한 사람 한 사람의 역할이 다시 한 번 중요해진다.

삶에는 묘한 부분이 있는데 같은 세상도 보는 사람의 상태에 따라 다르게 느껴진다는 것이다. 항상 무엇을 비교하고 대립·투쟁하려고 하면 이 세상은 전쟁터가 되어 버리고, 모든 사람이 적이 된 듯한 느낌이 든다. 이때는 무기도 없이 전장 한가운데 내팽개쳐진 것 같은 심정이 된다. 스탈린그라드(Stalingrad)전투가 따로 없는 것이다. 이런 상태에서는 두려움으로 긴장되어 에너지가 낭비되게 된다. 즐거움이라고는 애당초 기대할 수 없을 것이다. 당연히 하는 일도 잘되지 않는다. 자기가 만든 지옥에서 자기가 고통을 받고 있는 결과가 된다. 반면에 모든 것을 나의 연장으로 그리고 하나로 보면, 이 세상은 나의 집이 되고, 나는 주인이 된다. 주인은 집 안에서 길을 잃지 않는다. 잘못되지도 않는다. 그래서 깊은 안식과 평화가 오게 된다. 이때는 흐름을 따라 살면 되는 것이다. 어느 쪽으로 갈지 그 선택은 물론 본인이 하는 것이다.

요약하면, 전체와 합일의 상태가 되면 이 세상의 도움을 받고 행복할 것이고, 전체와 분리의 상태가 되면 반대로 이 세상으로부터 당하게 되고 고통을 맛보게 된다. 그러니 나와 참 자아, 또는 나와 세상이 합일 상태에 있느냐 분리 상태에 있느냐를 알아차리는 것이 중요하다. 여기에 항상 마음을 쓰고 있어야 한다. 그래서 분리망상

(分離妄想)으로 인해서 또 원하지 않는 것을 만들어 내고 이로 인한 고통을 느낀다면, 다시 합일의 상태로 가는 것이 가장 급선무이다. 그래서 항상 깨어 있어야 하는 것이다.

이제는 누군가 "안녕하세요?"라는 인사를 건네면 이것을 "밤사이에 누가 잡혀가지는 않았나요?"라는 질문으로 받아들이지 말고, "당신의 몸과 마음은 평안하신가요? 그리고 합일된 상태에 있나요?"라는 의미로 받아들이는 것도 좋을 것 같다. 이렇게 하면 하루에 여러 번씩 하게 되는 인사를 자기 성찰의 기회로 활용할 수 있게 된다. 미국인의 인사 "Good Morning!"이 밝고 좋은 의미가 있다고 따라 한 사람들도 있었다. 그런데 위와 같이 의미를 부여하면 우리의 인사도 미국의 인사 못지않게 좋은 것이 된다. 이제 우리의 이해의 폭을 넓혔고 퍼즐도 맞추었으니 더욱 중요한 부분으로 들어가 보자.

8
장

정신혁명

문명 전환

필요성

우리가 가진 것이 많고 아는 것이 많지만, 아프리카 초원에서 창을 들고 소리를 지르며 뛰어다니는 원주민들보다 행복하다고 할 수 있을까? 물질적인 조건과 지식이 전부는 아닌 것이다. 오히려 아는 것이 없고, 가진 것이 없으면 빼앗길 것도 없고 복잡한 계산도 필요 없다. 그래서 그냥 자연에 순응하며 자신의 생명력을 표현하고 그날그날 사는 것이 더 행복할 수도 있다.

현재 우리 사회는 물질주의가 극에 달해 이미 여러 가지 부작용이 생겨나고 있다. 과도한 경쟁, 환경오염, 황금만능주의, 말초 자극적인 문화 등이 점차 확산되고 있다. 이런 상황에서 인간이 자신이 만들어 낸 제도나 물질의 주인이 되지 못하고 소외되는 이른바 인간소외 현상도 나타나고 있다. 이런 것이 가장 절박한 문제임에도 불구하고 사람들은 현실을 바로 보려고 하지 않는다. 최근에는 인공지능까지 등장하여 인간의 정체성에도 혼란을 주고 있다. 그리고 이로 인하여 인간소외 현상이 더 악화될 소지도 있다. 영화 〈매트릭스〉나 〈터미네이터〉는 이런 최악의 상황을 경고하고 있다.

아프리카 초원에 '스프링복(springbok)'이라는 영양이 있다. 무리를 지어 생활하는데 그중 한 마리가 뛰기 시작하면 무리 전체가 덩달아 뛰기 시작한다고 한다. 그러다가 절벽이 나타나서 앞에 있는 것들이 멈추려고 해도 뒤에서 미는 바람에 무리 전체가 절벽 밑으로 굴러떨어지는 경우가 있다고 한다. 우리도 언제 시작했는지 모르겠으나 위험한 질주를 하고 있다. 파국적인 상황이 오기 전에 돌파구를 찾아야 할 것이다. 사태가 걷잡을 수 없이 나빠져서 억지로 변화를 강요받기 전에 자발적으로 변화하는 것이 현명한 선택일 것이다.

중세 시대에 수도승 한 명이 『성경』 한 권을 필사하는데 약 3년이 걸리고, 가격은 집 한 채 값이었다. 당연히 책을 소유할 수 있는 사람은 극소수였고, 대부분은 글자도 모르는 상태였다. 만약 이 시대로 한국의 고등학생이 갈 수 있으면 당대의 석학들을 모아놓고 강의도 할 수 있는 수준이 될 것이다. 그들이 알고 있는 지식의 잘못된 부분을 지적할 수도 있고, 새로운 연구 방향을 제시해 줄 수도 있을 것이다. 그만큼 지식은 폭발적으로 증가했고 누구나 쉽게 접근 가능한 상황이 되었다. 대학자가 강의하는 도중에 10대가 스마트폰을 검색한 후 "선생님, 그 말씀은 틀렸어요."라고 말할 수 있는 시대이다. 많이 알게 되면 인간이 질곡에서 벗어날 줄 알았는데 지식이 증가

하니 오히려 생각과 시스템만 더 복잡해져서 혼란이 가중되고 있다. 지식인이 사소한 인생 문제를 해결 못 해 어처구니없는 결말을 빚는 경우가 많은데 이는 지식의 한계를 단적으로 보여 주는 예라 할 수 있다.

스페인 정복자들은 남미에서 혈안이 되어 전설상의 황금도시 엘도라도(El Dorado)를 찾아다녔다. 히말라야에 있다는 노화도 근심도 없다는 샹그릴라(Shangri-La)를 찾는 사람들도 있었다. 인간은 '그 무엇'을 찾아 바깥세상을 열심히 돌아다녔다. 그러나 엘도라도나 샹그릴라는 그 어디에도 존재하지 않았다. 바깥세계는 현상으로 나타난 결과이지 그것이 근본이 되는 세계는 아니다. 그렇다면 마지막으로 뒤져볼 곳은 인간의 내면뿐이다. 인간의 깊숙한 어디에 답이 있을지도 모른다. 아마도 지구 상의 마지막 미개척지는, 그리고 희망은 인간에게 있고, 그것도 인간의 보이지 않는 내면에 있을 것이다.

정신혁명이란

인류사에 큰 영향을 미친 세 가지 변혁은 농업혁명, 산업혁명, 정보혁명이다. 그렇다면 이다음에 올 혁명은 무엇일까를 물어보았을 때 답을 할 수 있는 사람은 거의 없었다. 미래를 예측한다는 것이 쉬운 일은 아닌 것이다. 힌트가 있으면 좀 쉬워진다. 각 혁명 단계에서의 '부가가치의 원천' 또는 '핵심가치'의 흐름을 추적해 보면 다음 변혁을 대개 가늠할 수 있다. 농업혁명기의 핵심가치는 물론 '토지'이다. 토지가 많아야 돈을 많이 벌 수 있고 사회적으로도 행세할 수 있었다. 한 단계 더 발전한 산업혁명기에 핵심가치는 '자본'이다. 자본이 많아야, 즉 돈이 많아야 돈을 벌 수 있는 시대였다. 당연히 자본을 가진 부르주아가 사회의 주도 세력이 되었다. 다음 정보혁명기의 핵심가치는 '지식'이다. 지식인이 부자가 될 수 있는 시대이다. 빌 게이츠 같은 사람이 부자가 되고 사회 지도층이 된다. 각 단계의 핵심가치는 점점 눈에 보이지 않는 고차원적인 것이 되어 간다. 토지는 눈에 보이고 움직일 수 없으나, 자본은 눈에 보이지 않으면서 옮길 수 있다. 그리고 저장할 수도 있다. 나아가서 지식은 자기 방에 앉아서도 만들어 낼 수 있고 전 세계에 동시다발로 보낼 수도 있다. 또 잃어버리지도 않는다. 그렇다면 다시 한 번 큰 변혁이 일어난다고 보았을 때 중심 되는 가치는 무엇일까? 지식보다 고차원적이며 토지, 자본, 지식의 한계를 모두 뛰어넘을 수 있는 것은 무엇일까? 그 답은 '지혜'밖에 없다. 그래서 지혜가 중심이 되는 사회 변혁 운동의 이름을 붙이면 '정신혁명'이라 할 수 있다.

토지, 자본, 지식은 선점·독점해야 가치가 생긴다. 그래서 농업혁명, 산업혁명, 정보혁명으로 진행될수록 경쟁이 격화된다. 그러나 지혜는 늦게 알아도 불리하지 않다. 나누어 주면 줄수록 자신의 지혜는 오히려 증가한다. 이때 협동을 할 수 있는 근본적인 토대가 마련되는 것이다. 또한, 토지, 자본, 지식은 주기적인 업그레이드가 필요하다. 토지는 비료를 투입해야 하고, 자본도 증자해야 한다. 지식마저 시간이 지나면 낡은 것이 되기 때문에 새로운 것으로 대체해야 한다. 그러나 지혜는 그 자체가 완성된 것이므로 세월이 지나도 여전히 빛을 발한다. 즉, 지혜는 다른 것들보다 차원이 높다는 것이다. 그래서 다른 핵심가치들 위에서 이들을 컨트롤할 수 있다. 그들의 합리적 이용을 가능케 한다. 지식에 대해서도 옥석을 가려 취사 선택을 할 수 있게 해준다. 또 이 옥들을 하나로 꿰어서 더욱 가치 있는 보배로 만들 수도 있다. 그리고 지혜가 있어야 창의력이 나오고 원천 기술이 나온다. 침체되고 있는 경제 문제, 인간소외 문제도 지혜가 나타나야 근본적으로 해결할 수 있게 된다.

그리고 좋은 일은 하나만 오지 않는다. 지혜의 줄기를 잡은 것은 감자 캘 때 줄기를 잡은 것과 같다. 감자 줄기를 당기면 땅속의 감자가 모두 당겨져 나오듯이, 지혜도 그 샘을 발견하면 계속해서 솟구치게 되는 것이다. 지혜만 나오는 것이 아니라 건강과 에너지와 인연도 함께 딸려올 수 있다. 이 경우는 애당초에 세상에 실현되기를 바라는 어떤 잠재력이 다른 차원에서 완성된 형태의 패키지로 존재했는데 적절한 사람을 통해서 한 부분이 지혜의 형태로 표출된 것이다. 그 때문에 그걸 당기면 일을 실현하는 데 필요한 모든 것이 통째로 딸려 나오게 된다. 처음에는 의도하지 않은 것까지 보너스로 얻게 되는 셈이다. 자기 속에 모든 것이 이미 다 있고 자격을 갖추면 그것이 하나씩 나타나게 되는 것이다. 지혜의 또 다른 장점은 얻는 데는 투자도 필요 없고 애쓸 필요도 없다는 것이다. 그런 것들보다는 오히려 멍 때리기가 훨씬 낫다.

농업혁명은 메소포타미아 지방에서 시작되었다. 산업혁명은 축이 서쪽으로 이동해서 영국이 중심이 되었다. 다음 정보혁명은 더욱 서쪽으로 가서 미국이 주도하고 있는 상황이다. 그렇다면 정신혁명이 서쪽으로 옮겨가서 전개된다면 어디가 중심지가 될까? 물론 아직 일어나지 않은 것이니 정해지지는 않았다. 그러면 이번에는 다른 나라에 양보하지 말고 우리가 해보는 것이 어떨까? 왜냐하면, 이 운동은 뜻밖에 한국 사람에게 적합하고 잘 준비되어 있기 때문이다.

정보혁명과 정신혁명은 모순되지 않는다. 그리고 중첩해서 일어날 수도 있다. 오히려 정신혁명이 일어나야 정보혁명을 성공시킬 수 있다. 과학과 기술의 차원을 높여 인류가 오랫동안 꿈꾸던 이상세계를 만들어 낼 수 있는 것이다. 그리고 그 중심에 인간을 둘 수 있게 된다.

□ □ □ □ □ □ □ ■ □

세계의 빛

———

최근 서구 문명이 퇴조 현상을 보이는 가운데 동양의 지혜에 귀를 기울이려는 움직임이 있다. 또한, 과학기술의 소재가 빈곤해지니까 인문학에서 새로운 대안을 찾기도 한다. 세계가 뭔가 변화의 조짐을 보이고 있는 것 같다.

서구 문명의 본질을 잘 알게 해주는 사례가 있다. 스페인 사람들이 남미를 정복했을 때의 그들의 행동에 서구의 본모습이 잘 나타난다. 스페인이 신대륙에 상륙했을 때 인디오 문명과 유럽 문명의 조우가 일어난다. 원주민들은 순박하게 정복자들을 환영했다. 그러나 이들에게 돌아간 것은 채찍과 총탄과 약탈뿐이었다. 스페인이 볼리비아의 포토시(Potosi)에 은광(銀鑛)을 개발했을 때 이들은 원주민들을 강제로 광산에 투입했다. 대가도 거의 주지 않은 채 장시간 노동으로 내몰았다. 먹을 것조차 충분히 주지 않아서 노동자들은 항상 배고

품에 시달렸다. 혹사와 영양실조로 많은 노동자들이 죽어 나갔고 원주민 인구가 격감할 정도로 그 상황이 심각했다. 그들의 고통과 배고픔을 잊게 하려고 스페인 사람들은 노동자들에게 코카 잎을 씹게 했다. 이때 착취한 은은 스페인으로 흘러들어갔고 이 바탕 위에서 스페인은 강성한 국가를 이룩할 수 있었다.

서구의 그동안의 전쟁과 대외 활동의 이면에는 위와 같은 어두운 부분이 있다는 것은 부인하기 어렵다. 서구의 화려한 문화 뒷면에는 대립, 투쟁, 정복, 식민이라는 어두운 그늘이 드리워져 있다. 근대올림픽의 모토인 '더 빨리, 더 높이, 더 강하게'에도 서구인들의 이러한 성향이 암시되어 있다. 이러한 속성에 변화가 없는 한 서구문화가 전 세계를 이끌고 갈 수는 없을 것이다. 반면에 세계화 현상으로 문명의 만남은 가속화되고 문명이 서로 충돌하고 적대시하는 현상은 더욱 심해지고 있다.

등산을 하다가 돌이 많은 곳을 보면 작은 돌탑들을 만들어 놓은 것을 볼 수 있다. 한국 사람들은 집단 무의식 가운데 탑을 쌓고자 하는 욕망이 있는 모양이다. 탑을 쌓는 것은 더 높은 곳을 향하는 마음, 발전하고자 하는 마음의 표현으로 볼 수 있다.

또한, 우리나라만큼 다양한 종교가 있는 나라는 드물 것이다. 동서고금의 모든 종교와 전통적 무속신앙 등이 뒤섞여 있다. 그런데 특이한 것은 종교 분쟁이 없다는 사실이다. 다른 나라 같으면 벌써 큰일이 났을 것이다. 이를 두고 유교의 역할을 강조하는 사람들도 있다. 종교는 달라도 공통적으로 유교를 믿기 때문에 유교라는 공통분모가 분쟁을 방지한다는 것이다. 물론 일리가 있는 말이다. 하지만 우리 민족이 영성이 심화되어서 포용력이 크기 때문이기도 하다. 우리는 예로부터 자연의 질서를 거스르지 않고 자연과 동화되어 살기를 원했다. 따라서 모진 행동을 하는 것을 삼갔다. 그리고 우리는 그동안의 온갖 시련으로 단련되어 이해력과 수용력이 증대되어 있다.

바로 우리 자신이 위에서 말한 원주민 노동자 신세가 된 적도 있었다. 불행한 역사를 통해 우리도 모르는 사이에 정신적 깊이가 더해지고 뭔가 준비를 갖추고 있었던 것이다. 우리는 이제 무슨 일을 하더라도 서양과 달리 '더 천천히, 더 깊게, 더 부드럽게' 일을 해나가야 할 것이다.

이제는 물질(희소가치)을 두고 대립, 투쟁하는 문명이 아니라 인간 중심으로 협동하고 상생하는 문명을 만들어 내야 한다. 문명 충돌이 아닌 문명 공존의 길을 모색해야 하며 결국 문명 전환을 이루어 내야 한다. 마치 낡은 집을 허물고 새집을 짓는 것처럼 문명의 수준을 한 차원 높여 업그레이드할 때가 되었다. 이 과정에서 시련과 고통을 통해 단련해 온 우리의 자질을 세계인의 시련과 고통을 없애는 데 쓴다면 이보다 더 보람 있는 일은 없을 것이다. 그리고 이렇게 할 때 비로소 우리의 힘들었던 역사가 의미가 생기고 보상받게 되는 것이다.

이제 다양한 사람들이 함께 어울릴 수 있는 우리의 '대동놀이'처럼 모든 국가와 민족이 함께 즐길 수 있는 세상을 만들 때가 되었다. 우리가 놀이판을 벌이고 세계인을 초청하면 된다. 그래서 모든 이의 삶을 축제로 만드는 데 대한민국이 앞장서야 한다. 이렇게 할 때 비로소 우리는 건국 이념 '광명이세(光明理世)'를 실현할 수 있게 된다. 지혜의 빛으로 세계인이 나아갈 길을 밝혀 줄 수 있게 되는 것이다. 그리고 이때 '홍익인간(弘益人間)'의 이념도 함께 실천할 수 있을 것이다.

요즘 한류가 세계적으로 각광받고 있다. 한국 문화가 세계 문화를 이끌고 나갈 조짐으로 볼 수 있기 때문에 여간 반가운 일이 아니다. 그러나 이 인기가 계속될 것인가에 대해서는 우려가 있는 것도 사실이다. 대중문화의 근본 뿌리가 필요하다. 고급문화인 정신문화의 바탕 위에 그것을 표현한 노래, 드라마가 됐을 때 대중문화는 깊이와 호소력을 더하게 되고 생명력도 지속될 수 있다. 즉, 대중문화가 포장하고 있는 알맹이가 중요하다. 만약 알맹이라 할 만한 것이 없이 감각에만 호소한 것이라면 일부 사양길에 접어든 산업처럼 결코 오래갈 수 없는 일이다. 지금의 대중문화는 세계를 열광시키고 있는데 우리 고급문화가 세계에 진출하면 세계를 뒤집어엎을 수 있을 것이다.

□□□□□□□■□

현자의 시대

———

앞으로의 세상은 지식인이 아니라 심신이 수련된 현명한 사람이 주도해야 한다. 지혜가 앞에서 이끌지 않으면 지식은 아무리 많아도 별 소용이 없다는 것을 이제는 알았기 때문이다. 지식인은 사실 일종의 기능인에 불과하다. 그런데 지금처럼 스펙 좋고 학력이 높은 지식인이 전체 사회를 주도하게 되면 마치 루브 골드버그(Rube Goldberg, 1883~1970)가 고안한 골드버그 장치(Goldberg machine)처럼 쓸데없이 복잡하고 어려운 사회를 만들게 되어 있다. 만든 존재의 상태가 피조물에도 나타나는 것이다. 그래서 이제는 '지식인'이 아닌 '지혜인'이 세상을 이끌어 나갈 때가 되었다. 지혜를 갖추면 기타 재주는 다른 사람의 것을 빌려 쓸 수도 있다. 현명한 사람이 이끄는 사회는 마치 로마의 오현제 시대(Pax Romana)가 로마 역사상 가장 문물이 발전했던 것처럼 역사상 가장 발전한 사회가 될 것이다. 정신문화가 고도화

할수록 현명한 사람이 많이 나오게 되고, 아마도 한국에서 그러한 인물이 가장 많이 배출될 것이다. 그때는 보통 사람도 지금의 입장에서 보면 현자의 수준이 된다. 지금의 보통 사람이 중세로 가면 석학이 될 수 있는 것과 마찬가지이다.

지혜에 관하여 절대 유리한 사람이 있는데 노인들이 그들이다. 사실 정보화 시대에는 노인들이 설 곳이 마땅치 않았다. 컴퓨터 다루는 것은 말할 것도 없고, 지식 공부도 젊은이들이 더 잘하기 때문이다. 그러나 지혜의 관점에서 본다면, 세상에서 제일 진화한 생명체가 노인이다. 그래서 앞으로는 노인들의 지혜가 과거 전통사회에서 그랬던 것처럼 다시 한 번 세상을 이끌게 될 것이다. 물론 준비된 노인에 한정되는 이야기가 되겠지만. 그리고 앞으로는 교육도 나이 많은 사람들이 주도해야 한다. 이치로 보면 젊은 사람들이 애를 낳고 키우고 교육은 나이 많은 사람들이 하는 것이 맞다. 노인이 주도하는 사회가 되면 의기소침한 젊은이에게 이런 격려를 할 날이 올지도 모르겠다. "걱정하지 마라. 너도 노인이 될 수 있다."

정신혁명이 이루어지면 지혜가 상식이 된다. 돈과 권력과 명예에 모든 것을 거는 지금의 세태를 어이없는 불쌍한 행동으로 여기게 될 것이다. 본말이 전도되었다는 것을 다 아는 것이다. 중세인들이 지구는 납작하고 태양이 지구를 돈다고 믿는 것을 지금은 초등학생들도 우습게 생각하는 것과 같다. 한국의 정신문화가 점점 빛을 발하면 세계인들이 한국의 지혜를 배우려고 몰려들 것이다. 돌아갈 때 한국 제품을 사 가는 것은 말할 필요도 없다. 그리고 현명한 노인들이 스타가 될 수도 있을 것이다. 조금만 지혜가 생기면 누구를 존경하고 따르면서 역할 모델로 삼아야 할지 명약관화해지기 때문이다. 그리고 좋은 것을 서로 권하고 양보하며 심지어 서로 손해를 보겠다고 다투는 일도 빈번해질 것이다.

이 시점에서 어떤 사람이 우리가 따를 만한 현명한 사람인지를 파악할 수 있는 방법을 알아볼 필요가 있다. 첫째, 가슴의 반응을 보라. 지혜의 말에는 자신의 참 자아가 공명한다. 감동을 한다는 말이다. 이를 통해 상대의 메시지를 짐작할 수 있다. 교묘한 말은 머리를 속일 수는 있어도 가슴을 움직이지는 못한다.

둘째, 돈에 대한 태도를 보라. 돈은 어떤 사람의 수준을 판가름할 수 있는 거의 유일한 객관적 기준이다. 누가 성실하다고 했을 때 그 사람의 성실 여부는 알기 어렵고 얼마나 성실한지는 더 알기 어렵다. 그러나 돈은 객관적 수치가 있다. 갚았는지 떼먹었는지 누구나 알 수 있다. 그래서 돈은 훌륭한 척도이며 학습 자료가 된다. 이런 의미에서 돈이 있는 이 물질세계가 가치가 있게 된다. 훌륭한 사람이라면 돈에 대해 이중적인 태도를 취하지는 않을 것이다. 돈이 절실히 필요하면서 돈이 필요하지 않은 것처럼 행동하지 않는다는 것이다. 돈이 필요하면 필요하다고 사실대로 말하면 되고, 돈을 좋아하면 당당히 자기는 돈도 좋아한다고 표현하면 그만이다. 그런데 이 사실을 숨기려고 하면 계속해서 거짓말을 하게 된다. 마찬가지로 현명한 사람이라면 돈에 대해 초점 흐리는 소리를 하지 않을 것이다. 결국은 "돈 좀 달라."는 것인데 이것을 애매한 말로 표현하지 않는다는 말이다. 그리고 빌리는 것과 얻는 것의 구분을 명확히 할 것이고, 돈을 볼 때 이익보다는 의로움을 먼저 생각할 것이다.

財上分明大丈夫
금전상의 일에 분명한 사람이 큰 사람이다.

— 『명심보감(明心寶鑑)』

셋째, 평소 신용을 보라. 영적인 세계를 볼 수 있거나 몸에 기를 유통시킬 수 있다고 자랑하는 사람들이 있다. 그러나 그런 재주도 생명과 우주의 경이로움에 비하면 아무것도 아니다. 그런 것들을 자랑하는 사람보다는 말한 바를 잘 실천하고 약속 시간을 지키는 사람이 더 경지가 높다. 물질세계에서는 이 육체로 행하는 것이 최고의 수련이 되고 경지가 된다. 몸과 마음을 바로 하면 유통되어야 할 것은 바로 유통되고, 알아야 할 것은 필요한 때 알게 된다. 그러니 약속 당사자를 배려해서 자기 몸을 정해진 시간에 맞추어 움직일 줄 아는 능력과 정성이 이 세상에 더 필요하다. 그리고 일상에서 신용을 주지 못하는 사람은 영적인 세계에 대한 말을 할 때도 함부로 한다. 이때는 보았다는 것도 자기의 수준만큼 본 셈이고 그것도 보고 싶은 것만 본 것이다. 그러나 신용이 몸에 밴 사람은 몸에 의로운 기운이 형성되어 있기 때문에 그것에 위배되는 거짓을 말하면 고통스러워서 견딜 수가 없다. 술 못 마시는 사람이 술 먹으면 독을 마신 것 같은 상황이 되는 것과 같은 이치이다. 그리고 지혜가 있는 사람은 자기도 다른 사람과 똑같은 보통 사람으로 여긴다. 자신을 초인(超人)으로 생각하고 자신이 지켜야 할 기준과 보통 사람이 지켜야 할 기준이 다르다고 생각하면, 이는 에고만 발전한 교만한 사람이지 참 자아가 발현된 지혜로운 사람은 아닌 것이다. 위 세 가지를 모두 충족하면 우리가 기다리던 인물로 보아도 틀림이 없을 것이다.

정신혁명을 해야 한다고 하면, 이런 말을 하는 사람이 있을 것 같다. "다 좋은데, 그렇게 되면 재미가 좀 없지 않을까?" 정신혁명을 하자는 것이 다 그만두고 모여 앉아서 명상이나 하자는 말은 아니다. 우리는 농업도, 산업도, 지식도 모두 포기할 수 없다. 필요 없는 것들이 지금까지 세상을 지배해 온 것이 아니다. 각 단계마다 그 수준에 맞는 활동들을 해온 것이다. 다만, 정신혁명을 한다는 것은 기존의 활동들을 완성시키고 차원을 더 높이자는 것이다. 그리고 이 과정에서 인간이, 인간의 정신이 주인이 되어 그것을 즐기자는 것이다. 이제 이런 일을 할 단계가 되었다. 무엇을 따라다니는 노예가 아니라 중심이 되는 주인이 되어야 진정으로 즐길 수 있다. 이렇게 원래의 자리를 찾자는 것이 정신혁명이다. 정신만 추구하자는 것이 아니라 정신과 물질의 조화를 이루자는 것이다. 그러기 위해서는 앞장에 나온 내용들처럼 발상을 전환해야 한다. 단언컨대 우리가 삶의 주인이 되면 아프리카 초원을 누비는 원시인보다 더 생명력이 충만하게 되고 재미있게 살 수 있게 될 것이다. 재미없는 세상을 만들어 놓고 그걸 발전한 세상이라 할 수는 없다. 정신혁명을 하자는 것은 즐거운 세상, 살맛 나는 세상을 만들자는 말과 같은 말이다. 정신세계에 대한 추구도 그것이 현실 세계를 향상시키는 범위 내에서 의미가 있을 것이다. 결국, 정신혁명의 성과는 현실의 변화로 확인될 수 있어야 한다. 우리는 현실에서 승리해야 하는 것이다.

그리고 앞으로 활동하게 될 현자라는 사람들도 자신도 지키기 어려운 도덕률이나 외치는 답답한 인사를 말하는 것이 아니다. 돈도 있고 세련되고 즐길 줄도 아는 풍류가 있는 사람, 즉 새로운 인류를 말한다. 이 사람들은 몸 자체도 업그레이드되어서 이른바 선풍도골(仙風道骨)의 풍모를 갖추게 될 것이다. 남자는 신선 같이 여자는 선녀 같이 된다는 말이다. 돌도끼 휘두르던 네안데르탈인과 비교하면 현대인은 모두 연예인 같은 외모를 하고 있는 것과 마찬가지다. 이런 식으로 외모도 의식 상승에 비례하여 변화할 것이다. 그런데 원시인류에서 현대 인류로 진화하는데 너무 오랜 시간이 걸렸다. 그래서 이제는 자연 발생적 진화의 길을 가는 것이 아니라 우리가 선택한 혁신의 길로 가야 할 때이다. 시간을 단축하는 것이 혁신이고 혁명이다.

□□□□□□□■□

의심과 발전

───

    정신혁명을 하는 방법과 내용은 이미 앞장에서 논했다. 이 내용들에 대해서 이런 반응을 보이는 사람들이 있을 것이다. "그 원리들이 옳다는 증거가 있는가?" 현대인들이 할 만한 질문이다. 특히, 과학적 훈련을 받은 사람들은 더욱 그러할 것이다. 예를 들어, 지구 구체설을 증명하는 가장 결정적인 증거는 지구를 찍은 위성사진이다. 그러나 지금의 기술로는 참 자아가 존재한다는 것, 진실한 꿈은 이루어진다는 것 등을 증명할 사진이나 도표는 만들어 낼 수가 없다.

    그러나 다른 방법으로 알 수는 있다. 바로 사진이 나오기 전부터 존재했던 인간의 몸과 마음을 통해서이다. 어떤 정보를 접했을 때 몸과 마음이 편안해지면 그 정보는 진실한 것으로 볼 수 있다. 나의 존재 전체가 그 정보를 사실로 받아들이기 때문에 그러한 반응이 나온 것이다. 이런 작용을 두고 '직관'이라고 하기도 한다. 이때 아랫배에 힘까지 들어오면 더 확실하다. 힘이 들어온다는 것은 그것이 사실이니 실천해 보라는 메시지이다. 내 몸 더구나 내 마음보다 더한 실존은 어디에도 없다. 그러니까 이것을 통한 확인보다 더 나은 방법은 없다는 말이다. 또한, 사진이, 어떤 방정식이 인간에게 위안과 희망을 주지는 못한다.

그러므로 어떤 정보가 위안과 희망까지 준다면 그것은 '진리'라는 이야기이다. 특히, 힘들 때 위안을 주는 메시지보다 더 진실한 것은 없다. 어두울 때 빛인지 아닌지 가장 선명하게 드러나기 때문이다. 그리고 경험만큼 위대한 스승이 없다. 앞장에 언급한 내용들을 일상에서 실천해 보면 느끼는 것이 있을 것이다. 그리고 다른 사람들과 대화를 나누면 더 확실해진다. 경험을 공유할 수 있기 때문이다. 이 책의 내용뿐 아니라 다른 정보들도 이런 차원에서 보면 확인할 수 있다.

그리고 앞의 질문 자체에는 의심이 깔려 있다. 그러니 옳은 증거를 제시해도 그릇된 증거로 받아들이기 쉽다. 언젠가는 정신세계의 작용을 과학적으로 증명할 수 있는 날이 올 것이다. 사진으로 찍어 낼 수 있을지도 모른다. 그렇다면 그때까지 기다려야만 할까? 그렇지는 않다. 대부분의 사람들은 전기의 작용 원리를 모른다. 그렇다고 로봇 청소기를 구입한 경우 전기의 원리에 대한 공부를 끝낸 후에나 사용할 수 있는 것인가? 그렇지는 않다. 완전한 이해 없이도 스위치를 켜고 사용할 수 있는 것이다. 정신세계도 마찬가지로 접근할 수 있겠다. 물론 덮어 놓고 믿는 것도 좋은 태도는 아니다. 합리적 의심과 발전하려는 정성이 당신을 여기까지 오게 했으니까.

> 우리는 온전한 이해 없이도
> 온전히 사랑할 수 있다.
>
> — 영화 〈흐르는 강물처럼〉

9
장

통일한국

세계 중심 국가

강대국 사이에 있는 것도
이유가 있다

———

우리가 경제력이나 군사력이 결코 약한 것이 아닌데 강대국 틈바구니에 끼는 바람에 빛을 보지 못하고 당하기만 한다고 생각할 수 있다. 유럽, 동남아, 아프리카의 지도를 보면 고만고만한 나라들이 몰려 있는 경우가 많다. 그래서 우리도 뭔가 강대국과 대등한 것이 있으니까, 최소한 잠재력은 있으니까 그들과 같은 메이저리그에 속해 있다고 발상을 전환할 필요가 있다. 강대국 사이에서 우리 문화를 지금까지 지켜온 것만으로도 높은 평가를 받아야 할 일이다.

모든 농산물이 한국에서 자라면 특별히 알차고 맛있게 된다. 그래서 우리는 농산물만은 절대적으로 국산을 선호한다. 그런데 한국 땅에서 농산물만 그렇게 명품이 될까? 한국인이 머리가 좋다는 것은 다 아는 사실이고, 동아시아에서는 체격도 좋은 편에 속한다. 운동 경기에 나가면 인구 비율을 고려했을 때 압도적인 성적을 거둔다. 기능올림픽을 오랫동안 제패한 것은 말할 것도 없다. 그런데도 불구하고 우리는 스스로에 대한 긍정적 이미지가 너무나 부족하다. 스스로 자신감이 없어 중심이 서지 않으니 자꾸 위축되어 버린다.

우리는 자존감이 부족한 만큼 피해 의식이 강하다. 피해 의식으로 서로 공명하고, 피해 의식으로 잘 뭉친다. 털고 일어서서 앞으로 가기보다 상대를 욕하고 신세 한탄하는 쪽을 선택한 것이다. 이 때문에 우리 스스로를 바로 볼 수 없고 자기 자신에게 발목이 잡혀 있는 상황이 되었다. 앞서 이야기한 것처럼 우리는 감성이 풍부하기 때문에 피해 의식에 감성이 더해져서 그 고통을 더 크게 느낀다. 이때 우리도 모르는 사이에 벌어지는 일이 있다. 실물화상기에 원하지 않는 사진을 올려 버리는 것이다. 그러면 원하지 않는 상황이 자꾸 현실로 나타날 것이고, 또 당했다는 느낌이 들게 된다. 상태가 고착되어 버리는 것이다. 피해 의식은 결국 내 탓이 아니라 남 탓을 하는 심리이다. 이제는 마음을 바꾸어서 그것을 초래한 데는 내 탓도 있다는 것을 인정할 수 있어야 한다. 그래야 상황을 반전시킬 수 있다. 한(恨)을 승화시켜 평화로운 세계 건설에 앞장설 수 있게 되는 것이다.

미국, 소련 때문에 나아가서는 일본 때문에 분단이 되었고 그들 때문에 분단이 고착되었다고 생각할 수도 있다. 물론 그들에게도 책임이 없지는 않다. 그러나 이런 식으로 계속해서 너무 외부를 의식하고 두려워하면 외부의 그 도깨비는 점점 커져서 마침내 우리를 완전히 압도해 버린다. 환경에 초점을 맞추고 그것이 바뀌기만을 바라면 백년하청(百年河淸)이 된다. 결국은 힘을 외부에 빼앗겨 버리게 되는 셈이 된다. 아무리 애를 써도 주변국 사람들의 의식을 우리 뜻대로 바꿀 수 없다. 그러나 우리의 의식은 스스로 바꿀 수 있다. 그러니 통제할 수 있는 자신을 바꾸면 주변이 달라질 수 있게 된다. 외부라는 것이 그렇게 강고하고 우리 의사와는 상관없이 굴러가는 무정한 어떤 것이 아니기 때문이다. 우리가 달라지면 그들의 시선이 달라질 것이고, 우리를 대하는 태도도 달라질 것이다. 결국은 인식의 전환이 있어야 새로운 변화가 시작될 수 있다. 남들이 우리한테 대접해 주기를 바라는 대로 우리 스스로를 대접해야 한다.

강대국 사이에 있으면 교류를 통한 이익이 더 크게 되고 발전의 기회도 더 많아지는 장점도 있다. 큰판에서 놀기 때문이다. 게임을 할 때도 어려운 게임을 해야 빨리 고수가 될 수 있다. 시간을 절약할 수 있게 된다. 우리도 역사라는 학습장에서 강대국 사이에서 어려운 코스를 그것도 속성 코스를 거친 셈이다. 그 증거로 각국 GDP 순위를 보면 100년 전이나 지금이나 큰 차이가 없다. 잘사는 나라가 계속 잘 살고 못사는 나라는 계속 못산다. 원조하는 나라는 계속 원조하고 원조받는 나라는 계속 원조를 받는다. 이것을 처음으로 깬 것이 우리나라이다.

분단도 다른 시각으로
볼 수 있어야 한다

———

토인비(Arnold Toynbee, 1889~1975)가 즐겨 인용했다는 청어잡이 이 야기로 시작해 보자. 영국 북해에서 청어잡이를 하던 어부들은 청어 를 런던으로 수송했을 때 대부분이 죽어 있어서 곤란했다. 청어가 예민해서 쉽게 스트레스를 받기 때문이었다. 그 가운에 유독 한 어 부만이 대부분의 청어를 산 채로 런던까지 가지고 왔다. 다른 어부 들이 계속 물으니까 이 어부가 어렵게 말을 했다. 자기는 청어를 넣 는 곳에 메기를 한 마리 함께 넣는다고. 그러면 메기한테 몇 마리는 잡아먹히지만, 대부분은 런던까지 살아서 도착한다고 말했다. 잡혀 먹히지 않기 위해서 필사적으로 움직이다가 보니 폐쇄 공간이 주는 스트레스를 느낄 겨를이 없었던 것이다. 그래서 이 어부는 다른 어 부들보다 훨씬 많은 소득을 올릴 수가 있었다. 이 이야기를 우리 역 사에 적용해 보자. 우리한테는 북한 정권이 메기 역할을 해온 셈이다. 북한에 당하지 않기 위해 필사적으로 노력하는 과정에서 단련되고 발전해 온 것이다.

"전쟁과 가난은 지긋지긋하다. 이제 겨우 먹고살 만한데 북한이 자꾸 우리 삶을 흔들려고 한다. 북한 때문에 전쟁에 말려들고 다시 가난해지는 최악의 시나리오는 제발 피하고 싶다."

이것이 많은 한국 사람들의 공통된 심정일 것이다. 물론 잘못된 생각은 아니다. 그러나 유감이지만 분단을 통해 우리가 얻어야 할 교훈으로는 부족함이 있다. 이 태도에는 전쟁과 가난에 대한 두려움이 아직 강하게 남아 있기 때문이다. 두려워하면 자동으로 그 대상에서 멀어지게 되어 있다면 얼마나 좋겠는가마는 세상 이치가 그렇지가 않다. 오히려 그 반대가 된다. 예를 들어, 족구를 할 때 특히 약한 선수가 있으면 상대 팀은 그 선수를 구멍으로 보고 공을 그 약한 선수에게 집중시킨다. 남북 대결에서도 상대는 우리의 두려움을 약점으로 보고 그 취약한 부분을 골라서 이용한다. 등산할 때 곰을 만나면 곰도 눈길을 피하면서 도망치려는 사람을 공격하는 것과 마찬가지 이치이다. 그래서 평화를 사랑하되 결코 전쟁을 두려워해서는 안된다. 바로 전쟁에 대한 두려움이 또 다른 전쟁을 부를 수 있다는 것을 명심해야 할 것이다. 다만, 무분별한 강경파도 마찬가지로 약점이 되고 이용 대상이 될 수 있다. 결연하고 자신감 있는 태도를 가지면 상대는 공격할 곳을 찾지 못한다. 강대국들은 모두 그렇게 행동하고 있다.

여기서 결연한 태도가 어떤 것인지 구체적인 예를 들어 보자. 그것은 피할 수 없는 전쟁이면 받아들이고, 자신도 참가하겠다는 자세를 가지는 것이다. 남자는 총을 들고 전쟁터로 가고, 여자는 군수품 공장으로 일하러 갈 각오를 하며, 또 건강한 사람은 자원해서 헌혈을 하려는 것 등을 말하는 것이다. 제2차 세계대전 중에 미국과 일본의 많은 여성들이 참전한 남성들의 빈자리를 메우기 위하여 기꺼이 군수 공장에서 일을 한 사례가 있다. 그 많은 국난 극복의 과정에서 선조들도 아마 이와 같은 맥락의 활동을 했을 것이 틀림이 없다. 그렇지 않고서야 작은 나라가 지금까지 독립을 유지해 올 수 없었을 것이다. 그러나 조선 말기가 되어 우리의 기상이 옹졸해지면서 이러한 결기가 부족해져서 나라를 빼앗기는 수모를 겪은 것이 아닌가 생각된다. 어떻게 보면 전쟁도 전혀 필요 없었던 것은 아니다. 과거 인류의 수준으로는 전쟁을 통해서 발전하는 수밖에 없었을 것이다. 그러니 이왕에 무력 투쟁이 있었다면 이를 통하여 배우고 더 성숙하려는 자세를 가지는 것이 현명할 것이다. 그래야 그 희생이 헛되지 않는다. 학생들이 교육과정을 순서대로 거쳐야 하듯이 역사라는 학교에서도 단계를 밟아서 앞으로 나가야 한다. 싫다고 빼먹을 수 있는 것은 아니다. 빼먹으면 또 다른 상황에서 그것을 다시 이수해야 한다. 학점을 채워야 졸업하는 것이나 마찬가지 이치이다. 그래서 평화의 소중함을 알게 되고 전쟁도 두렵지 않지만, 전쟁 이외에도 발전하는 방법이 있다는 것을 깨달아야 다음 단계로 나갈 수 있다. 이때 비로소 전쟁이라는 거친 방법을 쓰지 않고도 발전할 수 있는 길이 열리게 될 것이다. 가난이 두렵지 않을 때 진정 선진국이 될 수 있듯이, 평화를 사랑하되 소중한 것을 지키기 위해서는 전쟁도 두렵지 않으면 강대국이 될 자격을 갖추게 된다. 전쟁과 평화라는 이분법마저 넘어선 수준이 되었기 때문이다. 예를 들어, 전쟁 중 발생하는 부상 장병을 위하여 기꺼이 헌혈하겠다는 각오를 하는 사람들이 많아지면 그 정성으로 오히려 전쟁이 일어나는 것을 방지할 수 있게 된다. 시뮬레이션 상황에서 가상의 적을 격퇴한 것이나 마찬가지인 것이다. 그 수준은 현실에도 나타나게 되어 있다. 이런 사람들에게 세상이 또 다른 전쟁을 안겨줄 수는 없다. 세상의 이치에 어긋나기 때문이다. 이런 사람들은 더 이상 전쟁으로 고생할 필요가 없는 사람들이기 때문이다. 졸업한 사람을 다시 학교로 부르는 법은 없는 것이다. 이런 이치를 터득하여 한국이 더 이상 침략자에게 당하지 않고 모든 한국인들이 저마다 하고 싶은 일을 마음껏 할 수 있게 된다면 더 이상 바랄 것이 무엇이 있겠는가.

주기적으로 약탈을 일삼는 유목민족들을 농경 민족들은 악마로 생각하는 경우가 많았다. 자기들은 평화를 사랑하는데 잘못한 것 없는 자신들을 괴롭히는 절대악이라고 보았던 것이다. 그러나 선과 악이라는 구분은 인간의 의식 속에서 만들어지는 것일 뿐이다. 이 경우 대개 자신을 선으로 규정하여 선은 100퍼센트 옳고 상대인 악은 백해무익하다는 구도를 만들어 내기 쉽다. 그러나 더 크게 보면 세상의 역동성과 발전을 위해 선과 악은 모두 필요하다. 유목민들의 침략은 정체된 역사에 활기를 불어넣고 교류를 촉진하는 긍정적인 역할도 했던 것이다. 칭기즈칸의 활동으로 이러한 사실을 짐작할 수 있다. 그리고 청어잡이 이야기에서는 메기가 악역을 한 셈이다. 이 때 메기가 전혀 필요 없는 존재라고 볼 수는 없을 것이다. 그러니 이제는 악을 또 다른 시각으로 볼 수 있어야 한다. 악을 두려워할 것이 아니라 바로 볼 수 있어야 하고 그래서 이해할 수 있어야 한다. 극과 극은 오히려 통한다는 것까지 통찰할 수 있어야 한다. 이렇게 되면 악보다 한 차원 위에 서게 되고, 악을 통제할 수 있게 된다. 악도 두려워하는 것이 있어서 그렇게 고착화된 것에 불과하다. 그러나 상황이 어떠하든지 간에 무조건 천사 역할만 하려고 하면 이 어설픈 천사로는 절대 악을 상대할 수 없다. 오히려 악의 게임에 말려들게 된다. 이때는 규칙도 당연히 그들이 정하게 된다. 혹시 이것이 우리가 처한 상황이 아닌지 모르겠다. 악마의 얼굴에서 종전에 볼 수 없던 또 다른 모습을 볼 수 있을 때 변화가 시작될 수 있다.

한계상황에 처했을 때는 전에는 감히 생각할 수 없던 것을 생각해야 하고 전에는 감히 할 수 없던 일을 할 수 있어야 한다. 분단도 일종의 한계상황이다. 그래서 선과 악의 양극성을 초월해서 더 위로 발전해 가려는 태도를 갖추었을 때 분단으로 인한 공부를 끝낼 수 있다. 그리고 그토록 원하던 평화를 누릴 자격을 비로소 갖추는 것이다. 이때 북한 정권은 우리가 선진 강국이 되는 자격을 갖출 수 있도록 공부시키는 역할을 했다는 것을 깨달을 수 있게 될 것이다.

　이런 것을 아는 수준이 되면 상황에 따라 천변만화(千變萬化)의 전략을 구사할 수 있을 것이다. 평화를 추구하는 것, 협상을 진행하는 것이 우리의 기본 전략이 되어야 하는 것은 옳다. 단, 피하려는 마음, 두려운 마음에서 나온 행동만 아니면 된다. 그러니까 평화를 구걸하기 위한 것이 아니면 된다는 말이다. 그리고 협상을 할 때도 꼭 성사시켜야 한다는 강박관념도 가질 필요 없다. 결렬도 하나의 방법이 될 수 있는 것이다. 꼭 무엇을 해야 한다고 강박관념을 가질 때 이것 때문에 오히려 이용당할 수도 있다. 평화 사랑도 힘과 지혜가 있어야 온전해진다. 힘과 지혜가 없는 평화 사랑은 공염불로 끝날 공산이 크다. 평화 정착이 그렇게 어려운 이유가 바로 여기에 있다. 이렇게 인식의 수준을 높이고 자신감을 가진다면 북한보다 인구가 2배나 되고 GDP가 40배나 많은 우리가 초조해 하거나 두려워해야 할 이유는 어디에도 없다.

　개인적인 가난도 인정해야 끝나듯이, 분단 상황도 인정하고 내 탓으로 받아들일 때 끝이 날 수 있다. 그리고 시련이라는 특별한 단련과 준비의 기회를 준 것에 대하여 감사하는 수준이 되면 완전히 졸업할 수 있다. 다시는 또 다른 형태의 분단이나 보릿고개 같은 것을 겪지 않아도 된다. 사랑할 수 있을 때 진정으로 끝낼 수 있다.

세계의 중심 국가로
나아가자

———

미국 투자회사 골드만 삭스(Goldman Sachs)가 통일한국의 경제 전망을 한 적이 있다. 2050년이 되면 한국 GDP가 영국, 독일, 프랑스를 추월하게 되고 1인당 GDP는 미국에 이어 세계 2위가 된다는 것이다. 경제 규모로는 중국, 인도, 러시아, 브라질 등의 브릭스(BRICS)에 뒤지지만, 생활 수준은 세계 최고 수준이 된다는 전망이다. 그러면 명실상부한 선진국이요 강대국이 될 수 있다. 한국 정부기관에서 발표한 것이 아닌 객관적인 미국 회사에서 발표한 내용에 대해서도 긍정과 부정이 엇갈리고 있다. 우리의 미래에 대해 큰 희망을 품는 사람이 있는가 하면, 어떻게 그런 일이 가능한가? 하고 회의적인 사람도 있다. 둘 다 이유가 있을 것이다. 그리고 자기가 믿고 싶은 것을 믿는 인간의 심리가 여기서도 나타난다. 단, 여기서 우리가 어느 방향으로 가기를 원하는 것인가는 분명히 할 필요가 있다. 발전하기를 원하면 거기에 맞는 언행과 생각을 해야 옳을 것이다. 없는 비전도 세워야 할 판국에 외국의 권위 있는 회사가 희망적인 전망을 했다. 우리가 발전하기를 그리고 앞으로 나가기를 원하는 사람이라면, 그 전망에 공감을 하고 가슴이 뿌듯해질 것이다. 그러나 골드만 삭스는 객관적인 경제적 분석만 했을 뿐 한국의 영적 수준과 역동적인 감성은 알지 못한다. 이러한 우리의 자질이 통일과 함께 폭발한다면 골드만 삭스의 전망을 뛰어넘는 성취도 가능할 것으로 본다.

정신혁명을 이룩하여 무한한 에너지와 지혜를 끌어내어 그 힘으로 통일을 하면 그걸로 끝내는 것이 아니라 다음 단계로 나가야 된다. 즉, 통일의 경험을 토대로 세계를 통합하는 길에 앞장서는 것이다. 지구가 평화로운 공동체가 되기 위해서는 결국은 세계 단일 정부를 만들어야 하고 단일 통화를 사용해야 한다. 그리고 모든 군대는 해산을 해야 한다. 물론 이것은 또 다른 빅 브라더(Big Brother)를 만드는 것이 아니라 개인과 주권국가의 권리와 자율성을 최대한 보장하기 위한 장치를 마련하기 위함이다. 그러므로 세계정부의 권한은 필요한 최소한에 그치도록 해야 할 것이다. 그래서 국경에 장애를 받지 않고 자기가 살고 싶은 곳에서 원하는 사람들과 모여서 하고 싶은 일을 할 수 있도록 해야 한다. 이것이 바로 인류가 그토록 꿈꾸던 이상 사회가 아니겠는가? 무지와 결핍과 투쟁에서 벗어난 지상천국이 되는 것이다. 그러나 곧바로 세계정부로 가기는 힘들 것이다. 따라서 중간 단계가 필요하다. 세계정부로 가는 전 단계에서 천하를 삼분할 필요가 있다. 한국, 중국, 일본이 경제 블록을 형성, EU, NAFTA와 정립(鼎立)하는 형세를 취하는 것이다. 한·중·일 어느 한 나라만으로는 세계를 상대로 대화와 설득을 할 만한 기반이 약하기 때문이다. 이 모든 과정을 한국이 시작하고 주도할 수 있어야 한다.

인류문명의 질을 향상시켜 문명전환을 주도할 나라는 한국밖에는 없다. 우리의 경험과 지혜가 모델이 되게 해서 세계인들이 따르게 해야 한다. 이 과정에서 세계 중심국가로 도약하는 연료는 우리의 신명이 될 것이다. 2002년 월드컵 때 표출된 붉은 악마의 에너지는 우리 민족혼의 일부가 잠시 표출된 것이다. 이제는 이것을 의도적으로 유도해 내고 활용할 때가 되었다.

통일은 세계평화와 문화 발전에 기여하고 모든 나라에 도움이 되는 세계사적인 사건이 될 것이다. 한국 통일은 문명의 진화를 촉진하는 뇌관 역할을 할 것이다. 우리가 통일하여 세계로 나갈 때 가교와 거점 역할을 할 수 있는 존재가 있다. 해외동포와 탈북민들이 바로 그들이다. 남한 사회가 탈북민들을 수용하는 것을 '작은 통일'이라고도 할 수 있다. 소수의 그들도 끌어안지 못한다면 더 많은 북한 주민은 어떻게 감당할 것인가. 그들의 지지를 받지 못한다면 북한 사람들의 지지도 받기 어려울 것이다. 이런 차원에서라도 그들을 잘 대해 줄 필요가 있다. 또한, 우리에게는 굴곡이 많은 역사로 인해 700여만 명의 해외동포가 있다. 이 숫자는 해외동포 순위로는 세계 4위에 달하는 규모이다. 이제 이 사람들도 전화위복이 되어 우리의 징검다리 역할을 할 수 있다. 앞에서 이미 언급했던 그 조선족 노동자에게 들은 이야기다. "나는 한민족임을 자랑스럽게 생각하고 있고 고구려 땅을 지키고 있는데, 막상 할아버지 나라에 오니 나를 중국 사람 취급한다. 그리고 일본에 있으면 제일교포고, 중국에 있으면 제삼교포냐?"라고. 그래도 그는 한국이 좋다고 했다. 이렇게 고국을 사랑하는 해외동포들의 바람이 어긋나는 일이 없도록 이제 시야를 넓혀서 그들을 포용할 시점이 되었다. 해외동포가 이제는 중요한 자산인 만큼 미리 점수를 따놓을 필요가 있다.

사회지도층 인사들이 규칙적으로 운동하고, 춤을 추면서 놀 줄 알고, 삶을 즐길 줄 알고, 이를 일반인들이 따라 할 때쯤이 되면 한국의 건물들뿐만 아니라 한국인의 행동거지도 완전히 달라져 있을 것이다. 사람과 도시가 함께 멋과 격조가 있으면서도 장중함과 위엄이 넘치게 될 것이다. 누구나 그 변화를 눈으로도 볼 수 있게 될 것이다. 이때는 한국이 세계 속에 우뚝 서 있기 때문이다.

시베리아횡단철도와 한국 철도를 연결하면 부산역에서 기차를 타고 파리까지 갈 수도 있다. 철도는 이미 연결되어 있다. 단지 휴전선 구간만 이으면 된다. 이 철도를 통하여 또는 도로를 통하여 세계를 무대로 활동하는 우리의 모습을 상상해 보자. 이 이상 신명 나는 일이 어디에 있겠는가. 그때는 한국 사람으로 태어난 것이 자랑스러울 것이다. 그리고 그때는 분명히 알 수 있을 것이다. 우리가 못나서 그 많은 고생을 한 것이 아니라 우리가 특별해서 그런 경험을 했다는 것을, 그리고 이 모든 것을 준비하기 위해서였다는 것을.

소규모 그룹을
만들자

———

이제는 산업화의 상징인 아파트를 떠나서 소규모의 마을로 다시 돌아갈 때가 되었다. 꼭 같은 위치에 TV가 놓여 있고, 꼭 같은 위치에 있는 소파에서 그 TV를 시청하는 환경에서 그리고 위층에서 쿵쿵거리는 소리를 들으면서 감성 있는 생활을 하는 것은 한계가 있다. 이제는 성씨가 같은 사람이 아니라 꿈이 같은 사람들이 모여서 같이 놀면서 정보를 공유하고 그 꿈을 실현해 가야 할 것이다. 여럿이 같은 꿈을 꾸면 빨리 현실이 된다. 마을을 구성할 때 농지는 보호해야 하므로 이제는 집이 산으로 들어갈 때가 된 것 같다. 물론 산의 경관과 기능은 그대로 두어야 한다. 산 사이에 적당한 임도(林道) 같은 것을 만들고, 임도를 따라 단독주택을 배열하면 된다. 이렇게 하면 산의 고도, 숲이 주는 맑은 공기 등으로 건강에도 훨씬 도움이 될 것이다. 그리고 자연과 어우러진 특이한 경관으로 관광자원도 될 수 있을 것 같다. 평지에 있는 마을보다 언덕이나 경사지에 있는 마을이 훨씬 입체적이고 멋있게 보인다. 이탈리아의 포지타노(Positano), 그리스의 산토리니(Santorini) 등도 그런 경우이다.

이것을 실천하기 어려우면 물리적으로는 같이 살지 않더라도 공동체의 기능을 가진 모임을 만들 수는 있다. 같이 모여서 자주 운동하고 파티하고 여행하면 목표하는 일을 즐기면서 달성할 수 있을 것이다. 이 공동체 마을들은 전통사회에서 그랬던 것처럼 1차적 사회 보장 기능을 갖추고 사회 문제를 일부 수용하는 역할을 할 수 있을 것이다. 세계인들이 따라 하고 싶은 공동체 마을을 만들고, 나아가서는 전 세계를 하나의 마을로 만들어 보자.

─────── 고쳐야 할 것은 나 자신의 생각이다 ───────

　우리나라의 모든 것이 못마땅한 사람을 만난 적이 있다. 이 사람한테 이민을 가면 그 나라에서는 만족할 수 있을지를 물었다. 대답은 "아니오."였다. 세상은 그냥 존재할 뿐인데 인간이 자꾸만 자기의 기준으로 평가하고, 부정적인 의미를 부여하는 것이다. 이런 사람들은 결국 세상에 투영된 자신의 상태를 보고 그걸 표현한 것이다.

　결국, 에고가 문제를 일으키는 주범이다. 이제는 과부하 걸린 에고를 좀 쉬게 하고, 그 대신 문제 해결력을 가진 지혜를 찾을 때가 되었다. 그리고 이왕 생각을 한다면 생명체인 나에게 유리하게 생각하는 것이 현명한 일일 것이다. 예를 들어, 세상을 있는 그대로 인정하겠다고 생각을 하면, 이것은 저항으로 인한 에너지의 낭비를 막을 수 있는 이익이 되는 행동이다. 이렇게 변화를 할 때 삶을 즐길 수 있는 여유가 생긴다.

　흐름을 타면서 즐기다가 삶에서 변화를 주고 싶은 것이 있으면 꿈을 꾸면 된다. 모든 생명체의 기본적인 특징이 발전을 바라는 것이다. 발전을 위한 변화를 추구하는 것은 세상을 부정하는 것하고는 차원이 다른 것이다. 즐기면서 동시에 꿈을 촉진시키는 방법은 무엇일까? 그 대표적인 방법은 한국 사람에게 소질이 있는 축제를 하는 것이다. 유희를 통하여 행복해지려고 하는 것이 생명체의 또 다른 특징이다. 이렇게 볼 때 잘 먹고 잘 놀면 인생을 잘 살고 있는 것이라고 볼 수 있다. 그래서 이제는 파티를 하고, 축제를 하는 것을 생활화해야겠다. 축제를 통해 모든 것이 하나가 될 수 있다.

세상과 내가 불완전하게 보이더라도, 사실은 현재의 세상과 나는 진화와 경험의 정점에 서 있는 것이다. 즉, 지금 이대로의 상황이 잘못된 것이 없다는 말이다. 오히려 이렇게 수용하는 자세를 가지면 현 상황이 이러한 진짜 이유를 알 수도 있게 된다. 그리고 불완전함 속에서 완벽함을 볼 수 있게 된다. 세상도 나도 못마땅해서 뜯어고치고자 하는 바로 그 생각 때문에 고쳐야 할 상황이 만들어진 것이다. 이미 존재하는 세상을 부정하고 자꾸만 바꾸려 하는 것은 세상 전체를 상대로 싸우려고 하는 것이나 마찬가지이다. 이제는 이 외롭고 불리한 싸움을 그만두고 칼을 내려놓을 때이다. 결국, 삶이라는 전쟁터에서 만난 수많은 적들은 사실 나의 또 다른 모습이었다. 나아가서 세상을 이렇게 디자인한 것도 나 자신이었다. 그러니 바꾸어야 할 것은 나 자신이다. 정말 고쳐야 할 것은 고치고자 하는 나의 생각이다.

여러분은 어린 새싹처럼 조심스럽게, 그리고 설레는 마음으로 생을 시작했다. 그래서 이 생명을 함부로 대하지 말고 소중히 잘 가꾸어 큰 나무로 성장해서 아름다운 꽃을 피울 수 있기를 기원한다. 이제는 망각의 늪에서 벗어나서 큰 힘과 큰 지혜와 큰 덕(德)을 가진 원래 자기의 모습을 기억해 내야 할 때이다. 그리고 이 책의 내용들은 유일한 진리가 아니라 인생을 잘 살 수 있는 방법들 중 하나에 불과하다. 그러므로 자신의 내면의 목소리에 귀를 기울이는 것이 더 중요하다. 언제 어디에서나 어렵게 보이는 일이 나타나면 그것은 또 에고가 만들어 낸 것이라는 것을 알아차리고 참 자아의 안내를 따르면 길을 잃지는 않을 것이다.

모든 문제는, 결국 나에게로 귀결된다. 그래서 나의 참여만이 문제를 해결하는 열쇠가 될 수 있다. 문제도 내가 제기했고, 답도 나한테 있는 것이다. 애당초 문제가 나올 때 답도 함께 존재했었다. 그리고 우리는 유한한 인간이지만 인간의 삶은 유한하기에 더욱 소중하고 가치가 있다. 그래서 자신의 유한함마저 받아들이고 사랑할 필요가 있다. 나아가 세상까지도 있는 그대로 사랑할 수 있을 때 당신은 한계를 뛰어넘어 전체 세계의 발전에도 기여할 수 있는 존재가 될 수 있다. 당신이 있어서 이 세계는 더욱 다채롭고 역동적이며 지혜롭게 되었다. 세상은 유한하지만 꿈을 가진 당신을 필요로 한다.

여행은 시작한 곳에서 끝이 난다. 결국, 우리는 유덕화가 주연한 영화 〈삼국지—용의 부활〉의 마지막 대사처럼 "한평생 큰 원을 돌다 간다. 아름다웠던 원을⋯⋯." 그래서 이 세상 여행이 끝날 때 천상병 시인처럼 "가서, 아름다웠더라고 말하리라."라고 할 수 있어야 한다.

"생각만 해도 지긋지긋하고 몸서리쳐진다. 다시는 오지 않으리라."라고 말하면 곤란해진다.

이 사람은 어떤 형태이든지 유사한 경험을 다시 해야 한다. F 학점이 나왔기 때문에 재수강해야 하는 것이다. 사랑할 수 있을 때 떠날 수 있다.

盡日尋春不見春
芒鞋踏遍隴頭雲
歸來笑拈梅花嗅
春在枝頭已十分
온종일 봄을 찾아도 봄을 보지 못해
짚신이 닳도록 언덕 위 구름 속을 헤매고 다녔네
문득 돌아와 웃으면서 매화 향기를 맡으니
봄은 어느새 매화 가지 위에 무르익어 있네

― 무명 비구니